Franz Jacobs / Michael Börngen
Wiechert, Mintrop & Co.

EAGLE 107:

www.eagle-leipzig.de/107-jacobs-boerngen.htm

D1669854

Edition am Gutenbergplatz Leipzig

**Gegründet am 21. Februar 2003 in Leipzig,
im Haus des Buches am Gutenbergplatz.**

Im Dienste der Wissenschaft.

Hauptrichtungen dieses Verlages für
Lehre, Forschung und Anwendung sind:
Mathematik, Informatik, Naturwissenschaften,
Wirtschaftswissenschaften, Wissenschafts- und Kulturgeschichte.

EAGLE: www.eagle-leipzig.de

Bände der Sammlung „EAGLE-EINBLICKE" erscheinen
seit 2004 im unabhängigen Wissenschaftsverlag
„Edition am Gutenbergplatz Leipzig"
(Verlagsname abgekürzt: EAGLE bzw. EAG.LE).

Jeder Band ist inhaltlich in sich abgeschlossen und leicht lesbar.

www.eagle-leipzig.de/verlagsprogramm.htm

Franz Jacobs / Michael Börngen

Wiechert, Mintrop & Co.

Die 24 Gründungsväter der Deutschen Geophysikalischen Gesellschaft

EAG.LE Edition am Gutenbergplatz
Leipzig

Bibliografische Information der Deutschen Nationalbibliothek
Die Deutsche Nationalbibliothek verzeichnet diese Publikation in der Deutschen Nationalbibliografie;
detaillierte bibliografische Daten sind im Internet über http://dnb.d-nb.de abrufbar.

Prof. Dr. Franz Jacobs. Geboren 1940 in Leipzig. Studium der Geophysik, Meteorologie und Geologie an der Universität Leipzig. 1967 Promotion „Geophysik im Braunkohlenbergbau", 1978 Habilitation „Seismische Verfahren in der Erdöl / Erdgas-Erkundung". 1991 bis 1992 Direktor am GeoForschungsZentrum Potsdam (heute Helmholtz-Zentrum). 1992 Professor für Physik der Erde an der Universität Leipzig und dort von 1994 bis 2005 Direktor des Instituts für Geophysik und Geologie. Arbeitsgebiete vorwiegend Geoelektrische Tomografie, Gesteinsphysik, Seismologie, Bergbaugeophysik, Endlagerforschung. Seit 2005 Ruhestand.
Mitglied der Nationalen Akademie der Wissenschaften Leopoldina.

Dr. Michael Börngen. Geboren 1947 in Leipzig. Studium der Geophysik an der Universität Leipzig. 1978 Promotion mit einer Arbeit über starke Salzwassereinbrüche in die Ostsee. Danach Tätigkeit in der Erdöl / Erdgas-Erkundung. Nach 1990 vorrangig auf dem Gebiet der Geschichte der Geowissenschaften tätig. In den letzten Jahren auch Befassung mit hydrographischen und meteorologischen Extremereignissen.

Mit einem Geleitwort von Frau Prof. Dr. Heidrun Kopp, GEOMAR Helmholtz-Zentrum für Ozeanforschung und Christian-Albrechts-Universität zu Kiel.

Dieser Band EAGLE-EINBLICKE (EAGLE 107) gehört zum am 21. Februar 2011 begründeten Sammlung **„Leipziger Manuskripte zur Verlags-, Buchhandels-, Firmen- und Kulturgeschichte".**
Siehe auch: www.leipziger-manuskripte.de

Erste Umschlagseite: Gedenkstein der Deutschen Geophysikalischen Gesellschaft e. V. (DGG) aus Anlass ihrer Begründung 1922, Leipzig, Talstraße / Ecke Liebigstraße.
Einweihung des Gedenksteins am 4. März 2013. Foto: Horst Voigt, Leipzig, 2019.
Vierte Umschlagseite: Gedenktafel Bronzegießerei Noack, Leipzig.

Vierte Umschlagseite: Dieses Motiv zur BUGRA Leipzig 1914 (Weltausstellung für Buchgewerbe und Graphik) zeigt neben B. Thorvaldsens Gutenbergdenkmal auch das Leipziger Neue Rathaus sowie das Völkerschlachtdenkmal.

Für vielfältige Unterstützung sei der Teubner-Stiftung in Leipzig gedankt.

Warenbezeichnungen, Gebrauchs- und Handelsnamen usw. in diesem Buch berechtigen auch ohne spezielle Kennzeichnung nicht zu der Annahme, dass solche Namen im Sinne der Warenzeichen- und Markenschutz-Gesetzgebung als frei zu betrachten wären und von jedermann benutzt werden dürften.

EAGLE 107: www.eagle-leipzig.de/107-jacobs-boerngen.htm

Das Werk einschließlich aller seiner Teile ist urheberrechtlich geschützt. Jede Verwertung außerhalb der engen Grenzen des Urheberrechtsgesetzes ist ohne Zustimmung des Verlages unzulässig und strafbar. Das gilt besonders für Vervielfältigungen, Übersetzungen, Mikroverfilmungen und die Einspeicherung und Verarbeitung in elektronischen Systemen.

© Edition am Gutenbergplatz Leipzig 2019

Printed in Germany
Umschlaggestaltung: Sittauer Mediendesign, Leipzig
Herstellung: BoD - Books on Demand, Norderstedt

ISBN 978-3-95922-107-8

Geleitwort

Die Deutsche Geophysikalische Gesellschaft DGG blickt nunmehr auf eine fast 100-jährige Geschichte seit ihrer Gründung im Jahr 1922 zurück. Als lebendige und dynamische Gesellschaft ist der Blick der DGG vornehmlich in die Zukunft gewandt, denn der Beitrag der Geophysik zu unseren gesellschaftlichen Herausforderungen ist von zentraler Bedeutung: von der Energiewende bis zum Klimawandel, von der Ressourcensicherung bis zu Naturgefahren kann die Geophysik Lösungsbeiträge zu den dringenden Fragen unserer Zeit liefern. Warum also ein Blick zurück auf eine Riege von 24 Gründungsvätern? Natürlich sind mit der Gründung der DGG Namen verbunden, die auch heute noch jedem Studierenden der Geophysik bekannt sind: Gutenberg, Mintrop, Wiechert ... reicht es nicht, die mal eben zu ‚googlen'? Mitnichten, denn wenn auch die individuellen Errungenschaften vieler Gründungsväter die Geophysik revolutioniert haben – sei es die Etablierung der Refraktionsseismik, der Nachweis des Erdkerns oder die Einführung der Erdbeben-Magnitudenskala –, so wird doch erst in der vorliegenden Gesamtschau deutlich, welche Parallelen wir für uns heute ziehen können. Moderne Wissenschaftsansätze propagieren die „Transdisziplinarität", also die Integration aus theoretischem und praktischem Wissen über Disziplingrenzen hinweg. Zur Zeit der DGG-Gründung existierte diese Wortschöpfung noch gar nicht, war aber von den Gründern gelebter Wissenschaftsalltag, denn die Gruppe bestand neben Geophysikern aus Mathematikern, Geologen, Meteorologen, Geographen, Geodäten, Astronomen und nicht zuletzt aus Privatgelehrten, Lehrern, einem Seemann, einem Markscheider und einem Kaufmann. Mehr „Transdisziplinarität" geht nicht! Hierin liegt sicherlich auch der wissenschaftliche Erfolg der Gruppe begründet, die nicht zuletzt geprägt war von vielen Mitgliedern mit einem hohen technischen Geschick, was zur Konzeption und Weiterentwicklung zahlreicher Messinstrumente und Methoden führte. So konnten unter dem Dach der DGG teils völlig unterschiedliche Herangehensweisen und Forschungsansätze vereint werden, von theoretischen Betrachtungen zur Evolution der Erde hin zu Messungen des Schalenaufbaus und zu Beobachtungen der Kinematik und Dynamik und deren Auswirkungen auf die Gesellschaft, z. B. in Gestalt von Naturgefahren. Heute nennen wir diesen Ansatz „Systemwissenschaft" und er hat Einzug gefunden in die modernen Geowissenschaften. Nicht zuletzt war die Gruppe der Gründungsväter geprägt durch den Wunsch nach „Internationalität". Vielen gerade der jüngeren Mitglieder unserer DGG mag dies trivial erscheinen, denn ein Austausch mit Kolleginnen und Kollegen auf internationalen Konferenzen oder während gemeinsamer Expeditionen ist heute Normalität, und die DGG unterhält enge Kooperationen mit zahlreichen internationalen Gesellschaften. Dies ist letztlich dadurch ermöglicht worden, dass es der DGG nach zwei Weltkriegen jeweils gelungen ist, die „internationale wissenschaftliche Zusammenarbeit mit den früheren Feindländern" (Resolution der DGG von 1926) erneut zu etablieren. Der Großteil der Gründungsmitglieder erlebte beide Weltkriege (der Jüngste war zur DGG-Gründung 27 Jahre, der Älteste 65 Jahre alt) und viele waren Repressionen unter den Nationalsozialisten ausgesetzt, die von Dienstentlassungen über erzwungene Rücktritte bis hin zur Zwangsemeritierung reichten. Dennoch verlor die DGG ihr Mandat, das Zusammenwirken ihrer unterschiedlichen Mitglieder zu ermöglichen, nie aus den Augen. Und so gilt für die DGG auch heute noch der Wunsch Emil Wiecherts: „Möge unsere Arbeit erfolgreich sein!"

Kiel, Juli 2019   Heidrun Kopp

Seit Gründung der Deutschen Geophysikalischen Gesellschaft e. V. (DGG) im Jahr 1922 hat 2019 mit Professorin Dr. Heidrun Kopp zum ersten Mal eine Frau die Präsidentschaft der DGG übernommen. Die Geophysikerin forscht und lehrt am GEOMAR Helmholtz-Zentrum für Ozeanforschung sowie an der Christian-Albrechts-Universität zu Kiel.

Briefmarkenblock der DGG e. V. mit dem vom Bundesministerium der Finanzen herausgegebenen Sonderpostwertzeichen zum 150. Geburtstag von Emil Wiechert (Erstausgabetag 10. November 2011)

Vorwort

Die 50. Jahrestagung der Deutschen Geophysikalischen Gesellschaft e. V. DGG im April 1990 im österreichischen Leoben hatte nach jahrzehntelanger erzwungener Trennung die Geophysiker Deutschlands aus Ost und West wieder zusammengeführt. Bei freudiger Stimmung gehörte für viele Teilnehmer ein weitgehend vergessenes Ereignis aus der Geschichte der Gesellschaft zu den Neuigkeiten und löste deshalb bei manchen ein überraschendes Aha-Erlebnis aus: Die DGG war im Jahre 1922, wenn auch unter anderem Namen, in Leipzig gegründet worden. Diese Tatsache schien bei einigen der Älteren fast aus dem Bewusstsein verschwunden zu sein; die meisten der Jüngeren hatten nie davon gehört.

1992 fand die 52. Jahrestagung der DGG auf Initiative von Hans Edelmann und Helmut Wilhelm unter Leitung von Jürgen Fertig in Leipzig statt. Es konnten damals und in der Folgezeit weitere Einzelheiten der Gründung ans Licht gebracht werden, verbunden mit dem Interesse, das Wissen um diese Traditionen zu bewahren. Diesem Ziel diente 1996 auch die Einrichtung des wissenschaftlichen Archivs der DGG in Leipzig.

Die Gesellschaft war während des 100-Jahre-Jubiläums der Gesellschaft Deutscher Naturforscher und Ärzte (GDNÄ) im September 1922 von 24 Teilnehmern als „Deutsche Seismologische Gesellschaft" im Geophysikalischen Institut der Universität Leipzig gegründet worden.

Der Zusammenschluss deutscher Geophysiker 1922 ist vor dem historischen Hintergrund der Situation Deutschlands nach dem 1. Weltkrieg zu sehen. Der Krieg hatte das Land nicht nur in politische Schwierigkeiten und wirtschaftliche Not, sondern auch in wissenschaftliche Isolierung gestürzt. Umso dringlicher war die Initiative deutscher Wissenschaftler zur inneren Konsolidierung des geistigen Lebens und zum Wiedereinfinden in die internationale Forschergemeinschaft.

Das Gründungsgebäude in der Talstraße 38, auch Domizil des traditionsreichen Mineralogisch-Petrographischen Instituts der Leipziger Universität, war den Bombenangriffen auf Leipzig in der Nacht vom 3. auf den 4. Dezember 1943 zum Opfer gefallen. Seit März 2013 erinnert an der Stelle des Gründungsaktes ein Gedenkstein (siehe erste Umschlagseite dieses Buches sowie S. 110) an die historische Tat der 24 Männer von 1922.

Mit dem vorliegenden Buch wollen die Autoren jede einzelne dieser 24 Persönlichkeiten der Gründung von 1922 in Erinnerung rufen und versuchen, deren wissenschaftliche Leistungen und auch ihre menschlichen Verdienste zu würdigen.

Die meisten Leserinnen und Leser werden mit Erstaunen vernehmen, welch bahnbrechende Ideen und Erkenntnisse bereits vor 100 Jahren zur Entschleierung von Geheimnissen der Erde beigetragen haben. Damit soll diese Schrift auch in die Geschichte des Faches Geophysik während politisch und wirtschaftlich schwieriger Zeiten führen. Wir glauben, dass so die großartigen Leistungen unserer Vorgänger in ein tieferes Verständnis gebracht werden können.

Besonderen Dank für freundliche Hilfe sind wir geschuldet den Nachfahren der Gründer von 1922: Frau Dr. Renate Müller-Krumbach, Weimar, Tochter von Gerhard Krumbach; Frau Dr. Angelika Mintrop-Aengevelt, Düsseldorf, Enkelin von Ludger Mintrop; Herrn Dr. Ludger Zangs, Krefeld, Enkel von Ludger Mintrop.

Weiter gilt unser herzlicher Dank Wolfgang Brunk, Göttingen; Christoph Clauser, Aachen; Karl-Heinz Glaßmeier, Braunschweig; Andreas Hoppe, Freiburg i. Br.; Peter Kühn, Berlin; Elfriede Lange, Leipzig; Jan-Michael Lange, Dresden; Stefan Moitra, Bochum; Horst Neunhöfer, Jena; Gerwalt Schied, Leipzig; Günter Schulz, Otterndorf; Johannes Schweitzer, Oslo; Heiner Soffel, Gauting; Horst Voigt, Leipzig; Dietrich Voppel †, Burgdorf-Nordheide; Wigor Webers, Potsdam; Ludwig A. Weickmann †, Starnberg, und Erhard Wielandt, Stuttgart.

Zahlreiche hilfsbereite Damen und Herren in Universitätsarchiven und -bibliotheken, in Stadt- und Landesarchiven sowie in städtischen Friedhofsverwaltungen haben uns freundlichst unterstützt. Sie finden dankende Erwähnung in den einzelnen Kapiteln dieses Buches.

Herzlich gedankt für die angenehme Zusammenarbeit und umsichtige verlegerische Betreuung sei Herrn Jürgen Weiß vom unabhängigen Wissenschaftsverlag „Edition am Gutenbergplatz Leipzig".

Leipzig, September 2019   Franz Jacobs / Michael Börngen

Inhalt

Zur DGG-Gründung

Jubiläumstagung Gesellschaft Deutscher Naturforscher und Ärzte 1922.

> **GESELLSCHAFT DEUTSCHER NATURFORSCHER**
>
> **UND ÄRZTE**
>
> 87. VERSAMMLUNG ZU LEIPZIG
>
> HUNDERTJAHRFEIER
>
> Vom 17. bis 24. SEPTEMBER 1922

Titelblatt (Ausschnitt) der Verhandlungen der GDNÄ. Verlag Vogel, Leipzig 1923

19. September 1922, 3 Uhr nachmittags, Universität Leipzig, Geophysikalisches Institut, Leipzig C1, Talstraße 38, 1. Etage, Großer Hörsaal, Versammlung der Seismologen auf Einladung von Emil Wiechert, Beschluss zur Gründung der *Deutschen Seismologischen Gesellschaft*;

21. September 1922 Gründungsversammlung und Annahme der Statuten;

22. März 1923 Eintragung der Gesellschaft in das Vereinsregister der Stadt Jena.

Gebäude der Gründung der Deutschen Seismologischen Gesellschaft.
Geophysikalisches Institut der Universität Leipzig, Talstraße 38

> **Abteilung** 10a:
> ## Geophysik.
> **(einschließlich Seismologie).**
> Einführende: Prof. Dr. O. Wiener, Linnéstr. 4 (23 120); Prof. Dr.
> Bauschinger, Stephanstr. 3 (27 034); Schriftführer: Dr. Lammert,
> L.-Gohlis, Fritzschestr. 28.
> Sitzungsort: Hörsaal für Geophysik, Talstraße 88.
> Treffpunkt: Deutsches Haus, Königsplatz.
> Vorträge für die Abteilung Geophysik:
> **Dienstag, den 19. September, nachm. 3 Uhr:**
> **Sitzung der „Versammlung der Seismologen" im Hörsaal für Geophysik**

Aus „Tageblatt der Hundertjahrfeier Deutscher Naturforscher und Ärzte in Leipzig", Nr. 1, Montag, d. 18. September 1922

Die Gründungsversammlung am 19. September 1922 wurde vom Physiker Otto Wiener und vom Astronomen Julius Bauschinger geleitet. Das Amt der Schriftführung hatte die Meteorologin Luise Lammert übernommen. Das Fehlen eines Geophysikers als „Hausherr" des Instituts war erklärbar, da der Direktor des Geophysikalischen Instituts, Robert Wenger, Anfang 1922 verstorben war. Bis zum Amtsantritt seines Nachfolgers, Ludwig Weickmann, wirkte Wiener, Direktor des Physikalischen Instituts, als kommissarischer Direktor des Geophysikalischen Institutes. Otto Wiener hatte bereits 1913 für die Schaffung dieses Instituts und für die Berufung des hervorragenden Vilhelm Bjerknes gesorgt. Bauschinger, Direktor der Universitätssternwarte, war Doktorvater von Alfred Wegener. Luise Lammert, langjährige Assistentin im Geophysikalischen Institut und eine der ersten deutschen Hochschul-Meteorologinnen, kam bereits zu Bjerknes' Zeiten an das Institut und hatte bei Robert Wenger promoviert.

Otto Wiener   *Julius Bauschinger*   *Luise Lammert*
(1862-1927)   *(1860-1934)*   *(1887-1946)*

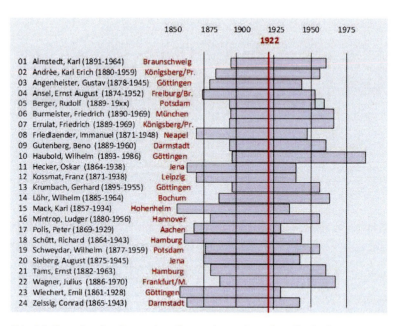

			1850	1875	1900	1925	1950	1975
01	Almstedt, Karl (1891-1964)	Braunschweig						
02	Andrée, Karl Erich (1880-1959)	Königsberg/Pr.						
03	Angenheister, Gustav (1878-1945)	Göttingen						
04	Ansel, Ernst August (1874-1952)	Freiburg/Br.						
05	Berger, Rudolf (1889- 19xx)	Potsdam						
06	Burmeister, Friedrich (1890-1969)	München						
07	Errulat, Friedrich (1889-1969)	Königsberg/Pr.						
08	Friedlaender, Immanuel (1871-1948)	Neapel						
09	Gutenberg, Beno (1889-1960)	Darmstadt						
10	Haubold, Wilhelm (1893- 1986)	Göttingen						
11	Hecker, Oskar (1864-1938)	Jena						
12	Kossmat, Franz (1871-1938)	Leipzig						
13	Krumbach, Gerhard (1895-1955)	Göttingen						
14	Löhr, Wilhelm (1885-1964)	Bochum						
15	Mack, Karl (1857-1934)	Hohenheim						
16	Mintrop, Ludger (1880-1956)	Hannover						
17	Polis, Peter (1869-1929)	Aachen						
18	Schütt, Richard (1864-1943)	Hamburg						
19	Schweydar, Wilhelm (1877-1959)	Potsdam						
20	Sieberg, August (1875-1945)	Jena						
21	Tams, Ernst (1882-1963)	Hamburg						
22	Wagner, Julius (1886-1970)	Frankfurt/M.						
23	Wiechert, Emil (1861-1928)	Göttingen						
24	Zeissig, Conrad (1865-1943)	Darmstadt						

Die 24 Gründer der Deutschen Seismologischen Gesellschaft

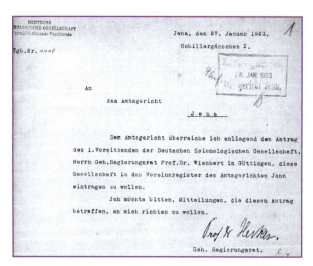

Antrag Oskar Heckers an das Amtsgericht Jena

In den am 21. September 1922 angenommenen Statuten der neuen Gesellschaft findet sich als erster Satz unter §1.1: „Die Deutsche Seismologische Gesellschaft hat ihren Sitz in Jena."

Zur Einreichung eines ordnungsgemäßen Antrages in Jena kam es aber erst am 27. Januar 1923 durch Oskar Hecker.

Das Amtsgericht Jena hat daraufhin am 14. Februar 1923 die von mindestens 7 Mitgliedern unterschriebene Urschrift der Statuten nachgefordert, die von Hecker besorgt wurde. Zur Eintragung in das Vereinsregister war aber noch seitens der Stadt Jena die Zustimmung erforderlich, die am 1. März 1923 der Stadtdirektor Elstner erteilte. Das Datum der offiziellen Eintragung in das Vereinsregister und damit der eigentliche Beginn der Geschäftsfähigkeit der *Deutschen Seismologischen Gesellschaft* ist der 22. März 1923, veröffentlicht im Amts- und Nachrichtenblatt für Thüringen Nr. 26 vom 31. März 1923.

Eintrag in das Vereinsregister Jena 1923

Emil Wiechert hat auf der Ersten ordentlichen Geschäftsversammlung der Deutschen Seismologischen Gesellschaft im Oktober 1923 in Jena die Motive der Gründer formuliert:

„Gar verschieden sind die Interessen. Der eine denkt an die Bedeutung der Erdbeben für das menschliche Leben und bemüht sich deshalb, die Beobachtungen zu organisieren, der andere schaut auf die Entwicklung der Erde, deren Begleiterscheinung die Erdbeben sind und fragt sich, was die Erdbeben für diese Entwicklung lehren. Ein anderer sieht in der Erde einen Weltkörper, verlangt von der Seismologie Aufschlüsse über dessen Beschaffenheit … im allgemeinen. Wieder ein anderer erkennt die praktische Wichtigkeit der Beobachtungen der Erderschütterungen und sucht ihre Entwicklung für die Volkswirtschaft. So ist das Gebiet, welches sich vor uns auftut, gewaltig gross. Uns alle aber eint der Gedanke, dass eben wegen der Grösse des Gebietes die Zusammenfassung der Kräfte vieler gebieterisch verlangt wird. Zum gemeinsamen Werk uns zusammenzuschliessen, dazu sind wir hier. Möge unsere Arbeit erfolgreich sein!"

Die Umwandlung des Namens in *Deutsche Geophysikalische Gesellschaft e. V.* vollzog die Gesellschaft am 24. September 1924 auf ihrer Mitgliederversammlung in Innsbruck.

Karl Almstedt (1891-1964)

* 22. Oktober 1891 in Jerxheim/Helmstedt
† 30. November 1964 in Braunschweig

1903-1909 Realgymnasium Braunschweig
　　　　Reifezeugnis
1909-1913 Studium der Mathematik, Physik
　　　　und Chemie in Braunschweig, München
　　　　und Göttingen
1913　Promotion mit Thema Meteorologie in
　　　　Göttingen bei Wiechert
1914-1918 Kriegsdienst Luftschiffer und
　　　　Artillerieprüfungskommission
1919-1921 Braunschweig
　　　　Lehramt an Höheren Schulen
1921-1923 Hannover
　　　　Seismos GmbH bei Mintrop
1923-1957 Braunschweig Schuldienst
　　　　Studienrat, Studiendirektor
　　　　1933-1940 Privatlehrer
　　　　1945 Referent Schulverwaltung
　　　　1950-1957 Schuldirektor
1957　Ruhestand

Leben und Wirken

Karl Friedrich Almstedt wurde 1891 in Jerxheim bei Helmstedt als Sohn des Bahnhofsvorstehers Karl Almstedt und dessen Frau Agathe geboren. Im Jahre 1923 ging er die Ehe mit seiner Frau Friedel ein.

Karl Almstedt wuchs in Braunschweig auf, wo er 1909 am Königlichen Realgymnasium das Zeugnis der Reife erwarb. Seine Studienjahre verbrachte er in Braunschweig, Göttingen und München. Er eignete sich die Grundlagen von Mathematik, Physik und Chemie an. Schließlich promovierte Almstedt in Göttingen bei Emil Wiechert mit einem Thema zur Meteorologie: *Die Kälterückfälle im Mai und Juni.* Im volkstümlichen Sprachgebrauch handelt es sich um die Eisheiligen und die Schafskälte.

Die Kälterückfälle im Mai und Juni.

Inaugural-Dissertation

zur

Erlangung der Doktorwürde

der

hohen philosophischen Fakultät der

Georg-Augusts-Universität zu Göttingen

vorgelegt von

Karl Almstedt

aus Braunschweig.

Titelblatt (Ausschnitt) von Almstedts Dissertation, angenommen von der mathematisch-naturwissenschaftlichen Abteilung; Tag der mündlichen Prüfung: 12. November 1913; Referent: Geh. Reg.-Rat. Prof. Dr. E. Wiechert

Almstedt stellte fest, dass schon damals die Eisheiligen nicht sehr regelmäßig auftraten und die Schafskälte keine kurzwährende Erscheinung darstellt. Diese Kälteperiode zieht sich oft über längere Zeit dahin und er bezeichnet sie als „Sommermonsun Mitteleuropas".

Im 1. Weltkrieg diente Almstedt zunächst im Luftschifferbataillon LB 81. Offenbar durch seine Göttinger Bekanntschaft mit Ludger Mintrop begünstigt, erreichte ihn im letzten Kriegsjahr eine Abkommandierung zur Artillerie-Prüfungskommission. Mit einem tragbaren Erschütterungsmesser sammelte er Erfahrung bei der Registrierung von Bodenbewegungen.

Ab 1919 bereitete sich Karl Almstedt in Braunschweig auf das Lehramt für Höhere Schulen vor und wurde im Schuldienst tätig. Im April 1921 holte ihn Mintrop zur neugegründeten Seismos GmbH nach Hannover.

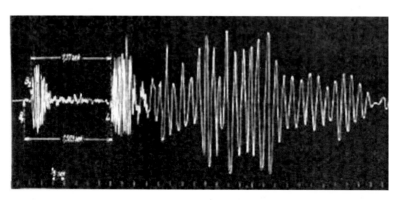

Seismogramm. Sprengung von 1 kg Dynamit in 600 m Entfernung, aufgenommen mit einem tragbaren Erschütterungsmesser nach Mintrop durch K. Almstedt. L = Luftschall (aus Hort: Techn. Schwingungslehre, Berlin 1922)

Mintrop hütete die mathematisch-physikalischen Grundlagen seines Verfahrens zur Erkundung von Gebirgsschichten als strenges Betriebsgeheimnis. Nur einem kleinen Kreis von Vertrauten waren diese bekannt.

Wie Mintrop später schrieb. haben seine ersten Mitarbeiter in der Seismos, insbesondere K. Almstedt, O. Geussenhainer, W. Kolb, R. Mügge, O. Rellensmann und K. Röpke, von 1921 an für den internen Gebrauch Formeln und graphische Darstellungen zur Ermittlung der Tiefen und Neigungen von Schichtgrenzen sowie Wellengeschwindigkeiten in den einzelnen Gebirgsschichten entwickelt.

Seismos GmbH Truppberatung. Karl Almstedt (Mitte), Ludger Mintrop (rechts)

Karl Almstedt gehörte zu den maßgeblichen geistigen Vätern der Refraktionsseismik, die die Welt der Erdöl-Erdgas-Exploration revolutionierte. Er verließ jedoch die Firma noch in der Anfangsphase der Seismos GmbH, vor deren stürmischen Amerikajahren, und trat am 1. April 1923 als Studienrat den Schuldienst am Realgymnasium Braunschweig an. Er hatte sich für einen Berufsweg als Mathematiklehrer entschieden.

1929 war er zum Studiendirektor an der Wilhelm-Raabe-Schule Braunschweig aufgestiegen. 1933 ereilte ihn die Dienstentlassung durch die Nazis auf Grundlage des sogenannten Gesetzes zur Wiederherstellung des Berufsbeamtentumes. Als aktives SPD-Mitglied gehörte er zu den politisch Verfolgten der Nationalsozialisten. Karl Almstedt hielt sich als Privatlehrer über Wasser, fand dann 1940 wieder eine Anstellung als Hilfslehrer.

Nach 1945 wurde Almstedt Referent in der Schulverwaltung Niedersachsens, und später konnte er am Martino-Katharineum in Braunschweig als Oberstudiendirektor seinen Pädagogenberuf wieder ausüben. 1957 erfolgte seine Verabschiedung in den Ruhestand, er war aber noch als Lehrer an der Ricarda-Huch-Schule aktiv.

Karl Almstedt erlitt am 30. November 1964 auf dem Weg zur Schule in Braunschweig einen Verkehrsunfall, an dessen Folgen er im Krankenhaus verstarb. In den Nachrufen der Kollegien des Martino-Katharineums und der Ricarda-Huch-Schule wird Karl Almstedt als Lehrer mit ausgeglichenem Wesen, geprägt von hohem erzieherischem Ethos und fachlichem Können, und als väterlicher Freund gewürdigt, der sich durch seine Freundlichkeit und Hilfsbereitschaft die Verehrung und Zuneigung der Mitarbeiter erworben hat.

Quellen

www.arcinsys.niedersachsen.de NLA HA Hann.144 Nr. 829
Personalakte O.St.Dir. Dr. Karl Almstedt. Der Präsident des Niedersächsischen Verwaltungsbereiches Braunschweig, 1990
Persönliche Mitteilungen: Karl-Heinz Glaßmeier, Braunschweig
Danksagung: Friederike Borß, Braunschweig

Karl Andrée (1880-1959)

* 10. März 1880 in Bad Münder am Deister
† 18. August 1959 in Göttingen

1898   Reifezeugnis in Hannover
1898-1904 Studium der Chemie, Geologie,
     Mineralogie, Paläontologie und
     Zoologie in Hannover und Göttingen
1904   Promotion in Göttingen zur Geologie
     von Bad Iburg
1906-1910 Clausthal und Karlsruhe
     Assistent für Mineralogie und Geologie
1910-1915 Marburg
     Habilitation und Privatdozent für Geo-
     logie und Paläontologie
1915-1945 Königsberg Albertus-Universität
     Professor und Direktor des Instituts für
     Geologie und Paläontologie, der
     Bernsteinsammlung und der Geophysi-
     kalischen Warte in Groß Raum
     1930/31 Rektor Universität Königsberg
1945   Flucht und Vertreibung aus Ostpreußen
1946-1959 Universität Göttingen Lehrtätigkeit

Leben und Wirken

Karl Erich Andrée wurde 1880 als jüngster Sohn des Apothekers Adolf Andrée und dessen Ehefrau Hanny in Münder am Deister in Niedersachsen geboren. 1887 zog die elterliche Familie nach Hannover, wo der Vater den Vorstand des städtischen Botanischen Gartens übernahm. Karl Andrée heiratete im Jahre 1906 Helene Rathkamp, die ihm zwei Söhne und zwei Töchter schenkte. Nach dem frühen Tod seiner Frau schloss er 1931 mit Käthe Sobolewski erneut eine Ehe, aus der eine Tochter hervorging. Heute lebt ein Enkel als Geografie-Professor i. R. in Essen, ein weiterer führt eine Apotheke in Klein-Hehlen bei Celle.

Das vielseitige naturwissenschaftliche Interesse seines Vaters und seine Leidenschaft zum Sammeln von Fossilien im nahen Teutoburger Wald waren der Grund für seine Studienwahl, die ihn zu den Erdwissenschaften und zur Zoologie nach Hannover und Göttingen führte. Dort pro-

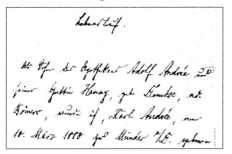

Lebenslauf (Auszug) aus Promotionsakte 1904

movierte Karl Andrée 1904 mit einer Arbeit zur Geologie des Teutoburger Waldes. 1910 folgte die Habilitation für Geologie und Paläontologie an der Universität Marburg mit einer paläontologischen Schrift zur Crustaceen-Gattung Arthropleura.

Nach Stationen vor allem als Geologe in Clausthal, Karlsruhe und Marburg wurde sein weiteres Leben im Jahre 1915 entscheidend durch einen Ruf an die Albertus-Universität Königsberg in Ostpreußen bestimmt. In Königsberg widmete sich der vielseitige Karl Andrée insbesondere der Sedimentpetrografie, der Gebirgsbildung, der Geologie Ostpreußens, dem Fragenkomplex Bernstein und dem damals noch jungen Problemkreis Meeresbodengeologie.

Die Teilnahme von Karl Andrée an der Gründung der DGG ist im Zusammenhang mit den Aufgaben als Direktor der universitären Geophysikalischen Warte mit Hauptstation für Erdbebenforschung Groß Raum (heute Rjabinowka) 30 km nördlich von Königsberg zu verstehen. Andrée arbeitete seit 1922 in der Makroseismischen Kommission der DGG mit.

Im Sommersemester 1930 wurde Karl Andrée zum Rektor der Albertus-Universität Königsberg bestellt. Bereits wenige Wochen danach trat er im November 1930 von seinem Amt zurück. Den von pronationalsozialistischen Professoren und Studenten kriegsverherrlichenden Missbrauch des Langemarck-Mythos (propagandistische Umdeutung militärischer Niederlagen des 1. Weltkrieges in Heldensiege) verbunden mit gewaltsamen Ausschreitungen hatte er nicht verhindern können.

Der überzeugte Pazifist Karl Andrée sollte später die Gewalt des Krieges auf tragische Weise selbst zu spüren bekommen, als 1942 sein zweiter Sohn Wolfgang in Russland als Oberarzt sein Leben lassen musste und die Familie 1945 zur Flucht aus Ostpreußen gezwungen war. Wie viele andere Professoren und Mitarbeiter der Universität Königsberg fand auch Karl Andrée Aufnahme in der Georg-August-Universität Göttingen. Er hat sich dort bis zu seinem Lebensende, weit über seine neuen akademischen Aufgaben als Lehrbeauftragter hinaus, für die sozialen und menschlichen Belange der „ehemaligen Königsberger" eingesetzt.

Wir verdanken zudem Karl Andrée die Erinnerung an sein Wirken nicht nur durch die zahlreichen hinterlassenen Publikationen, sondern durch ein wunderbares Vermächtnis: die ehemalige Königsberger Bernsteinsammlung. Karl Andrée war in seiner Königsberger Zeit auch Direktor der Bernsteinsammlung der Albertina, mit 120 000 Exemplaren die vollständigste und größte der Welt. Im November 1944 sorgte Karl Andrée dafür,

Baltischer Bernstein, ca. 40 Millionen Jahre, Eozän. Dungmücke (Scatopse grassaris). Göttinger Bernsteinsammlung aus ehemaliger Albertus-Universität Königsberg (GZG.BST. 03391)

dass die wertvollsten Stücke in Kofferkisten aus Königsberg an die Universität Göttingen gebracht wurden. Sie fanden zusammen mit weiterem Material der dortigen Geologisch-Paläontologischen Sammlung vorübergehenden Schutz in einem Kalibergwerk in Volpriehausen am Sölling. Nach Kriegsende und zeitweiser Beschlagnahme durch die Britische Militärregierung war es 1949 Karl Andrée, der durch geschickte Verhandlungen sowie sachgerechte Bergung und Transport der Stücke, zunächst nach Celle und schließlich 1958 wieder nach Göttingen, für den dauerhaften Erhalt sorgte.

Heute wird die „Königsberger Bernsteinsammlung", bestehend aus 16 000 Objekten Baltischer Bernstein, im Bestand der Göttinger Sammlungen an der Fakultät für Geowissenschaften und Geographie und in der Dauerausstellung „Bernstein" im Geowissenschaftlichen Museum Göttingen treuhänderisch für die *Stiftung Preußischer Kulturbesitz* verwaltet und aufbewahrt.

Karl Erich Andrée verstarb nach kurzer, schwerer Krankheit am 18. August 1959 im Alter von 79 Jahren. Seine letzte Ruhestätte fand er auf dem Göttinger Stadtfriedhof.

Der Geologe Erich von Prosch schrieb in einem Nachruf: „Mit ihm verließ uns ein Gelehrter im guten alten Sinne dieses Wortes, der sowohl in seiner wissenschaftlichen Tätigkeit ungemein vielseitig als auch im persönlich-menschlichen Bereich allgemein beliebt und geachtet war."

Grabstein auf Göttinger Stadtfriedhof

Werke (Auswahl)

1920 Geologie des Meeresbodens. Gebrüder Borntraeger, Leipzig
1932 Die Kurische Nehrung. Gräfe und Unzer, Königsberg
1934 Der Blitz als allgemein-geologischer Faktor. Phys. ökon. Ges. Königsberg
1938 Regionale Geologie der Erde. Mitherausgeber. Akad. Verl.ges., Leipzig
1951 Der Bernstein. Franckh'sche Verlagshandlung, Stuttgart

Auszeichnungen / Ehrungen (Auswahl)

Hans-Stille-Medaille 1948 (100-Jahr-Feier Deutsche Geologische Gesellschaft)

Quellen

Hessische Biografie. GND-Nummer 115558772
v. Prosch, E. (1964): Karl Andrée zum Gedenken. Z. deutsch. Geol. Ges. **116**
Grebing, H. (2018): Geologie und der Abbau von Bodenschätzen im Gebiet der heutigen Stadt Iburg. www.geo-iburg.de 2018
Persönliche Mitteilungen: Alexander Gehler, Göttingen; Horst Grebing, Halle/Westf.; Karin Wilkens, Ratzeburg

Gustav Angenheister (1878-1945)

* 26. Februar 1878 in Cleve/Niederrhein
† 28. Juni 1945 in Göttingen

1889 Schulabschluss in Cleve
1898-1902 Studium von Mathematik und
    Naturwissenschaften in Heidelberg,
    Münster, München und Berlin
1902 Promotion in Berlin zum Thema
    Elastizität der Metalle
1903-1904 Heidelberg. Assistent bei Quincke
1905-1922 Göttingen. Assistent bei Wiechert.
    In dieser Zeit mehrjährige Aufenthalte
    im Observatorium auf Samoa, zunächst
    als Observator, später als Direktor.
    1911 Habilitation in Göttingen zu
    Oberflächenwellen von Erdbeben
1922-1928 Potsdam Geodätisches Institut.
    Vorsteher Geophysikalische Abteilung
1928-1945 Göttingen Geophysikalisches
    Institut, Nachfolger von Wiechert

Leben und Wirken

Gustav Heinrich Angenheister wurde 1878 im nordrhein-westfälischen Cleve (heute Kleve) geboren, wo er auch Kindheit und Schulzeit verbrachte. Im Jahre 1914 heiratete er Edith Tammann. Aus der Ehe gingen die Söhne Heinrich (geb. 1915) und Gustav (geb. 1917) hervor. Letzterer wurde später Professor für Geophysik in München (G. A. jun.).

Schon früh war bei Gustav Angenheister das Interesse für Mathematik und Naturwissenschaften sichtbar geworden, verbunden mit besonderer Begabung für experimentelle Physik. Nach dem Studium entschied er sich für die Hochschullaufbahn, die 1905 einen ersten Höhepunkt fand, als ihm Geheimrat Emil Wiechert die Göttinger Erdbebenwarte anvertraute.

Intensives Studium von Oberflächenwellen in den Aufzeichnungen der damals weltweit empfindlichsten Seismografen führte ihn bereits in seiner ersten Göttinger Zeit zu grundlegenden Erkenntnissen über den unterschiedlichen Aufbau von kontinentaler und ozeanischer Kruste.

Zu Angenheisters Zeit mussten praktikable Instrumente zur geophysikalischen Datengewinnung meist in Eigeninitiative selbst konzipiert, gebaut und weiterentwickelt werden. Da kam Angenheister sein experimentalphysikalisches Geschick nicht nur in Göttingen, sondern auch während der Aufenthalte im Observatorium Samoa in der Südsee sehr entgegen. Gleichzeitig war dort seine Aufgeschlossenheit für alle Teildisziplinen der Geophysik deutlich geworden. Neben der Betreuung der Erdbebenwarte richtete er ebenso Messwarten für Meteorologie, Erdmagnetismus und Luftelektrizität ein.

Magnetische Variationsinstrumente, von Angenheister auf Samoa verwendet (aus Schreiber 2000, S. 22)

Nach der Rückkehr aus Samoa 1921 trat während seines anschließenden Wirkens am Geodätischen Institut in Potsdam wieder stärker der kreative akademische Gelehrte hervor. Besonders in zahlreichen Publikationen für Hand- und Lehrbücher hat er sich ein bleibendes Denkmal gesetzt.

Angenheister hat als Nachfolger von Wiechert in Göttingen mit großem Erfolg die mehr zur Anwendung tendierenden „seismologischen Effekte zweiter Ordnung" untersucht (Großsprengungen, Ingenieurseismik, Gletscherseismik, Refraktionsseismik, Reichsaufnahme).

Die Jahre in Göttingen waren besonders von seiner Passion als Hochschullehrer geprägt. Mit nahezu väterlicher Fürsorge und Verständnis hat er sich den Studenten gewidmet und ihnen nicht nur fachliches Wissen für ihren Beruf beigebracht, sondern auch menschliches Rüstzeug für das spätere Leben vermittelt.

Die DGG ist Gustav Angenheister zu großem Dank verpflichtet. Er hat nicht nur 1924 die *Zeitschrift für Geophysik* maßgeblich mit ins Leben gerufen. Als Schriftleiter führte er sie bis 1943 über 20 Jahre trotz zahlreicher Schwierigkeiten und damit eingeschlossener Mühen in die erste Reihe der international geschätzten geophysikalischen Periodika.

Zeitschrift
für
Geophysik

Herausgegeben im Auftrage der

Deutschen Geophysikalischen Gesellschaft

von

G. Angenheister, Göttingen – O. Hecker, Jena – Fr. Kossmat, Leipzig
Fr. Linke, Frankfurt – W. Schweydar, Potsdam – E. Wiechert, Göttingen

Titelblatt (Ausschnitt) des ersten Jahrganges (1924/25) der Zeitschrift für Geophysik. Druck und Verlag Friedr. Vieweg & Sohn, Braunschweig

Die Zeitschrift übernahm auch die Rolle eines Mitteilungsblattes für die Gesellschaft und hat wesentlich zum Vereinsleben beigetragen.

Beobachtungen bei Sprengungen.

[Gehört zu den „Forschungsarbeiten bei Sprengungen", unterstützt von der Notgemeinschaft Deutscher Wissenschaft *).]

Von G. Angenheister. — (Mit drei Abbildungen.)

Es wurden Seismogramme bei Sprengungen aufgenommen bis zu 1500 m Entfernung. Aus den Aufzeichnungen werden Laufzeitkurven für verschiedene Phasen abgeleitet und ihre Deutung versucht.

Zeitschrift für Geophysik, Band 3 (1927), Seite 28

Angenheister erfreute sich nicht nur bei seinen engen Mitarbeitern großer Beliebtheit, sondern auch bei Fachkollegen in aller Welt. „Dies ist nicht allein auf sein großes Wissen und Können zurückzuführen, sondern liegt besonders in seinen hohen menschlichen Eigenschaften begründet. Der Mensch Angenheister liebte und pflegte echte Freundschaft und Geselligkeit ohne Vorbehalte." (Otto Förtsch)

Beziehung zwischen Meereshöhe und Schwere in gestörten Gebieten

Von G. Angenheister, Göttingen. — (Mit 10 Abbildungen)

Am W-Rande des Pritzwalker Massivs und am NW-Rande der unterirdischen Fortsetzung des Flechtinger Höhenzuges besteht in bestimmten Profilen eine enge Beziehung zwischen Meereshöhe h der Oberfläche und Störungsbetrag $\varDelta g_0''$ der Schwere. Die störenden Massen, die sich hier in der Meereshöhe der Oberfläche abbilden, liegen wenige Kilometer tief. $\varDelta g_0''/h$ beträgt rund $^1/_2$ mgal/m.

Zeitschrift für Geophysik, Band 14 (1938), Seite 219

Gustav Angenheister starb von Krankheit gezeichnet im 68. Lebensjahr am 28. Juni 1945 in Göttingen. Seine letzte Ruhestätte fand er auf dem Göttinger Stadtfriedhof unweit des Grabes von Emil Wiechert.

Werke (Auswahl)

1924 Die Laufzeit des Schalles für große Entfernungen. Z. Geophys., **1**, 314-327
1927 Beobachtungen bei Sprengungen. Z. Geophys., **3**, 28-33
1938 Beziehung zwischen Meereshöhe und Schwere.
       Z. Geophys., **14**, 219-230

Auszeichnungen / Ehrungen (Auswahl)

Deutsche Akademie der Naturforscher Leopoldina 1934
Akademie der Wissenschaften zu Göttingen
Akademie der Wissenschaften in Kairo
Association Geofisica de Mexico

Quellen

Förtsch, O. (1954): Gustav Heinrich Angenheister †. Z. Geophys., **20**, 113-116
Schreiber, H. (2000): Historische Gegenstände und Instrumente im Institut für
       Geophysik der Universität Göttingen
Ritter, J.; Meyer, R.; Schweitzer, J. (2003): IASPEI International Handbook of
       Earthquake and Engineering Seismology. Chapter 19.24, Part C, Biographics
       containing: Gustav H. Angenheister (1878-1945) as Seismologist
Siebert, M.: Gustav Heinrich Angenheister. www.geo.physik.uni-goettingen.de
www.erdbebenwarte.de/gustav-heinrich-angenheister/
Persönliche Mitteilungen: Wolfgang Brunk, Göttingen
Danksagung: Martin Leven, Göttingen

Ernst August Ansel (1874-1952)

* 10. November 1874 in Ulm
† 11. Februar 1952 in Freiburg im Breisgau

1891 Realgymnasium Stuttgart Reifezeugnis
1891-1905 Seemann
Steuermanns-und Kapitänspatent
Navigationsschule Hamburg
1900 Offizier des Norddeutschen Lloyd
1905 Studium der Mathematik und
Naturwissenschaften TH Stuttgart
1907-1913 Universität Göttingen
1908 Geophysikalisches Institut
Assistent bei Wiechert
1913 Promotion in Göttingen auf dem
Gebiet der Meteorologie
1913-1942 Universität Freiburg i. Br.
1913 Venia legendi für Astronomie und
angewandte Mathematik
1915 Habilitation zu Wellenausbreitung
in festen Körpern
1918 Außerordentlicher Professor
1942 Emeritierung als planmäßiger a. o.
Professor für angewandte Mathematik

Leben und Wirken

Ernst August Ansel wurde am 10. November 1874 in Ulm / Königreich Württemberg geboren. Das Realgymnasium Stuttgart verließ er 1891 mit der Reifeprüfung. Es zog ihn in den Norden an die Küste, wo er den Beruf eines Seemannes erlernte.

Ansel erwarb an der Navigationsschule Hamburg das Steuermanns- und Kapitänspatent für große Fahrt. Als Offizier fuhr er für den Norddeutschen Lloyd zur See. Auf den Schiffsreisen galt sein besonderes Interesse den atmosphärischen Erscheinungen. Diese regten ihn zur Aufzeichnung meteorologischer Messdaten an. Um seine wissenschaftlichen Kenntnisse zu vervollständigen, entschloss er sich 1905 mit inzwischen über 30 Jahren noch an der Kgl. Technischen Hochschule in Stuttgart zu einem Studium der Mathematik und Naturwissenschaften, das er 1907 in Göttingen fortsetzte.

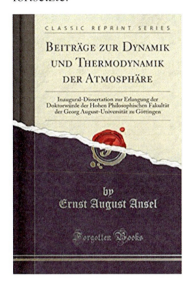

Für das vorwärts drängende Wesen von Ernst August Ansel spricht, dass er bereits ein Jahr später als Assistent von Emil Wiechert im Geophysikalischen Institut arbeitete und bald auch über „Seismische Registrierungen in Göttingen" publizierte. Seine Promotion fertigte er dann bei Wiechert 1913 aber auf meteorologischem Gebiet an: *Beiträge zur Dynamik und Thermodynamik der Atmosphäre*. In dieser Arbeit tauchte wohl erstmals in der Meteorologie das Wort „Front" auf; für eine abrupte Grenze zwischen verschiedenen Luftmassen.
Dissertation 1913 – Reprint 2018
Wheelers book. Classic reprint series

Im Jahre 1913 verließ Ansel Göttingen und erwarb im gleichen Jahr an der Universität Freiburg im Breisgau die Venia legendi für Astronomie und angewandte Mathematik. Unmittelbar darauf legte er eine Habilitationsschrift vor mit dem Thema *Reflexion und Brechung von ebenen Wellen in elastisch-festen Körpern.*

Freiburg sollte seine Lebensstation für immer bleiben, unterbrochen nur vom Kriegsdienst 1914 bis 1918 in Bulgarien. Doch auch hier blieb er wissenschaftlich produktiv und schrieb Arbeiten zu atmosphärischen Bewegungen, zu Erdbeben im Raum Sofia und zu Messungen der Schwerebeschleunigung auf dem Balkan. Die näheren Umstände des dortigen Wirkens sind uns nicht bekannt, immerhin erhielt er das Frontkämpferkreuz und die Bulgarische Tapferkeitsmedaille. Zurück in Freiburg verlieh ihm im Dezember 1918 die Badische vorläufige Volksregierung den Titel *Außerordentlicher Professor.*

Die wissenschaftlichen Interessen und Aktivitäten von Ernst August Ansel waren in seiner Freiburger Zeit auch weiterhin breit gefächert. Seine Vorlesungen beschäftigten sich vor allem mit angewandter Mathematik, er forschte über Schwerkraft und Gebirgsbau, gründete 1927 eine privatwirtschaftliche *Gesellschaft für Praktische Geophysik* mit Sitz in Freiburg und bot vor allem Drehwaagemessungen an.

Die Alpen im Lichte ihrer Schwerestörungen.

Von Prof. Dr. **E. A. Ansel,** Freiburg i. B.

Gegenstand der vorliegenden Arbeit ist die Untersuchung der Schwerestörungen im Gebiet der Schweizer Alpen — für das sie mit der erforderlichen Genauigkeit bekannt sind — in der Beziehung zum Gleichgewicht des tief in die Erdkruste eintauchenden Gebirgskörpers. Die Abweichung vom hydrostatischen Gleichgewicht ist deutlich ausgeprägt. Es läßt sich daraus ein Rückschluß auf die Festigkeit des tragenden Mittels ziehen und weiterhin erkennen, daß die ursprüngliche Scholle bei der Faltung nicht nur gehoben, sondern zugleich gedreht — Südfuß nach oben — und in der Richtung des Zusammenschubes (etwa in dem Verhältnis 1.3) verkürzt wurde.

Zeitschrift für Geophysik, Band 1 (1924/25), Seite 36

Im *Lehrbuch der Geophysik* von Beno Gutenberg 1926/29 schrieb Ansel die Kapitel *Geophysikalische Aufschlussverfahren* und *Schwerkraft und Isostasie* sowie in Gutenbergs *Handbuch der Geophysik* die Kapitel *Theorie der gravimetrischen Aufschlussverfahren* (1930) und *Theorie des irdischen Schwerefeldes* (1936).

1938 war er auf der Deutschen Island-Expedition unter Oskar Niemczyk (TH Berlin) federführend an den Schweremessungen mit Pendeln (E. A. Ansel) und Gravimetern (A. Schleusener, Seismos) beteiligt. Die Seismos GmbH hatte alle Geräte auf Leihbasis zur Verfügung gestellt und Schleusener für die Expedition beurlaubt. Durch den Nachweis von zeitlichen regionalen Schwereänderungen gewannen die beteiligten Geologen, Geodäten und

Thyssen-Gravimeter (Seismos GmbH) am Eyafjord 1938. Links: Alfred Schleusener (aus Niemczyk 1943, S. 133)

Geophysiker erstmals Anhaltspunkte über den Zusammenhang von Horizontal- und Vertikaltektonik und dem Aufbau des Untergrundes.

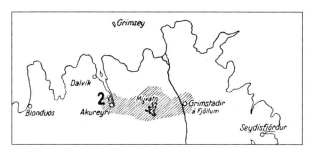

Nordostteil von Island. Die schraffierte Fläche kennzeichnet das Arbeitsgebiet der Expedition. Akureyri (2) war Basisstation für Ansels Pendelmessungen (aus Niemczyk 1943, S. 65)

Auf Grund seiner liberalen Gesinnung sah sich Ernst August Ansel mit seiner Familie während der Nazizeit wiederholt als Zielscheibe für mannigfaltige Schikanen und böswillige Anschuldigungen, verbunden mit mehrmaligen Verhören durch die Geheime Staatspolizei unter Ankündigung „schärfsten Eingreifens". Die Leitung eines Institutes oder die Besetzung eines Lehrstuhls gestattete man ihm nicht. Im Jahre 1942 wurde er auf Grund einer Denunziation unter Androhung strafrechtlicher Verfolgung im Wiederholungsfalle an der Universität Freiburg vorzeitig zwangsemeritiert.

Werke (Auswahl)

1913 Seismische Registrierungen in Göttingen im Jahre 1911. Nachrichten Ges. Wiss. Göttingen
1924 Die Alpen im Lichte ihrer Schwerestörung. Z. Geophys., **1**, 36-46
1926 Schollengleichgewicht und Schwerestörungen. Z. Geophys., **2**, 209-214
1943 Pendelmessungen. In: O. Niemczyk: Spalten auf Island. Geologische, geodätische und geophysikalische Forschungsarbeiten der Deutschen Island-Expedition des Jahres 1938. Konrad Wittwer, Stuttgart

Quellen

Universität Freiburg im Breisgau. Bibliothek und Archiv
Geologenarchiv Freiburg i. Br.
Staatsarchiv Freiburg i. Br.
Danksagung: Lotte Bauer, Andreas Hoppe, Jochen Rees, Anna Spasiano, Alexander Zahoransky, alle Freiburg i. Br.; Klaus Helbig, Utrecht

Rudolf Berger (1885-nach 1952)

* 20. Mai 1885 in Leipzig
† nach 1952

1892-1906 Realgymnasium Leipzig
    Reifezeugnis
1906-1912 Studium der Mathematik, Physik
    und Astronomie in Leipzig
1912-1953 Potsdam-Telegrafenberg
    1912-1922 Preußisches Meteorolo-
    gisch-Magnetisches Observatorium
    Außerordentlicher wissenschaftlicher
    Hilfsarbeiter bei Gustav Hellmann
    1915-1919 Heeresdienst Infanterie
    1922-1953 Preuß. Geodätisches Institut
    Wissenschaftlicher Mitarbeiter, Leitung
    des Erdbebendienstes; seit 1946 Geodä-
    tisches Institut Potsdam Deutsche
    Akademie der Wissenschaften (DAW)
1953 Ruhestand

Leben und Wirken

Rudolf Berger wurde am 20. Mai 1885 als ältester Sohn des Schlosser-meisters Paul Berger und seiner Ehefrau Emma in Leipzig geboren.

Nach dem Besuch des Realgymnasiums Leipzig, das er 1906 mit dem Reifezeugnis verließ, trat Rudolf Berger nicht in die Fußstapfen seines Vaters. Er verzichtete auf die Übernahme des Schlossereibetriebes und schrieb sich stattdessen in die Matrikel der Alma mater lipsiensis ein. Sein Interesse galt besonders den Fächern Mathematik, Physik und Astrono-mie. Zu seinen Lehrern in Leipzig gehörte neben dem Physikochemiker und Nobelpreisträger Wilhelm Ostwald auch der Mathematiker Gustav Herglotz (Mitautor des Wiechert-Herglotz-Verfahrens).

Nach Abschluss des Studiums 1912 bewarb er sich um eine Anstellung beim Königlich Preußischen Meteorologischen Institut in Berlin. Der Direktor des Instituts persönlich, Gustav Hellmann, bot ihm für Oktober 1912 eine Beschäftigung als *vorläufiger außerordentlicher Hilfsarbeiter* im Meteorologisch-Magnetischen Observatorium des Instituts auf dem Telegrafenberg in Potsdam an, verbunden mit der Nutzung einer dortigen Dienstwohnung.

Rudolf Berger trat die Stelle im Oktober 1912 an. Der Telegrafenberg sollte bis zum 31. März 1953 sein Arbeitsort bleiben; nur unterbrochen vom Heeresdienst bei der Infanterie von 1915 bis Anfang 1919.

Meteorologisch-Magnetisches Observatorium Potsdam um 1910; jetzt Süring-Haus des Potsdamer Instituts für Klimafolgenforschung PIK

1922 bündelte der neue Direktor des Geodätischen Instituts Ernst Kohlschütter – später über neun Jahre auch Vorsitzender der DGG – verschiedene geophysikalische Aktivitäten auf dem Telegrafenberg in seinem Institut. Rudolf Berger wechselte als wissenschaftlicher Mitarbeiter in die Abteilung Geophysik dieser Einrichtung. Er wurde dort mit der Leitung des Erdbebendienstes beauftragt. Zum Bestand der Potsdamer Erdbebenwarte gehörten neben dem Wiechert-Horizontalpendel seit 1903 (Betrieb bis 1954) bald auch drei Galitzyn-Wilip-Seismometer. Für deren Funktionsfähigkeit und die fortlaufenden Registrierungen einschließlich des Zeitdienstes trug Rudolf Berger die Verantwortung. Neben seiner Beobachtungtätigkeit in der Erdbebenwarte blieben ihm ausreichend Freiheiten für eigenständige wissenschaftliche Forschung und Publikationen auf dem Gebiet der Seismik. Kohlschütter beauftragte ihn auch mit der Untersuchung früherer Aufzeichnungen der beiden Zöllner-Horizontalpendel im Freiberger Schacht, um messbare Deformationen der Erde durch Luftdruckschwankungen nachzuweisen.

Preußisches Geodätisches Institut Potsdam um 1920, Backsteinbau im klassizistischen Stil, erbaut 1889-1891; jetzt Helmert-Haus des Deutschen GeoForschungsZentrum Potsdam GFZ

In den Jahren 1944/45 wurde Rudolf Berger mit fast 60 Jahren noch in den Volkssturm zur Verteidigung Berlins eingezogen. Er hatte sich niemals in einem System politisch betätigt, war konfessionslos, gleichwohl engagiertes Mitglied zahlreicher wissenschaftlicher Gesellschaften. Als das ehemalige Preußische Geodätische Institut 1946 seine Arbeit als Geodätisches Institut Potsdam unter dem Dach der Deutschen Akademie der Wissenschaften DAW fortsetzen konnte, gehörte Rudolf Berger zu den Wissenschaftlern, die nahtlos in ein neues Beschäftigungsverhältnis am gleichen Arbeitsort übernommen wurden.

Bis zum altersbedingten Ausscheiden im Jahre 1953 – seinem Antrag auf Fortsetzung des Dienstverhältnisses wurde nicht entsprochen – hat Rudolf Berger in beispielhafter Treue zu seinen wissenschaftlichen Dienstaufgaben seine Pflichten erfüllt. Auch wenn er nicht durch besondere Erkenntnisse die Aufmerksamkeit der Fachkollegen und das Interesse der Öffentlichkeit auf sich gezogen hat, so zählt er doch zu der unverzichtbaren

Schar akribischer und zuverlässiger Beobachter der Phänomene der Veränderungen der Erde, ohne die wissenschaftliche Fortschritte in den Geowissenschaften nicht möglich wären.

*Seismometrische Beobachtungen
in Potsdam 1928
(Titelblatt)*

Werke (Auswahl)

1928 Seismometrische Beobachtungen in Potsdam in der Zeit vom 1. Januar
1925 bis 31. Dezember 1927 (gemeinsam mit J. Picht, W. Schneider)
1929 Seismometrische Beobachtungen in Potsdam in der Zeit vom 1. Januar
1928 bis 31. Dezember 1928 (gemeinsam mit K. Jung)

Quellen

Archiv der Berlin-Brandenburgischen Akademie der Wissenschaften,
Abt. Akademiebestände, Abt. Nachlässe
http://geschichte.telegrafenberg.de/
Persönliche Mitteilungen: Peter Kühn, Berlin; Wigor Webers, Potsdam
Danksagung: Roland Bertelmann, Potsdam; Vera Enke, Daniela Siebert, Berlin

Friedrich Burmeister (1890-1969)

* 07. September 1890 in Stettin/Pommern
† 23. März 1969 in München

1910 Städtisches Gymnasium Stettin
        Reifezeugnis
1910-1919 Studium der Mathematik, Physik
        und Astronomie in Berlin und München
1919 Promotion in München bei Seeliger
        über das Dreikörperproblem
1919-1957 München
        Erdmagnetisches Observatorium
        seit 1927 in Maisach, seit1938 in
        Fürstenfeldbruck.
        Observator, Abteilungsdirektor
        1953 auch Erdbebenwarte
        Fürstenfeldbruck
1957 Ruhestand

Leben und Wirken

Friedrich Burmeister wurde 1890 als Sohn eines Arztes in Stettin in der preußischen Provinz Pommern geboren. In Stettin ging er zur Schule und bestand 1910 am Städtischen Gymnasium die Reifeprüfung.

Das Studium der Mathematik, der Physik und der Astronomie zog ihn zunächst nach Berlin und dann nach München. Hier hörte er Vorlesungen u. a. bei Arnold Sommerfeld und promovierte 1919 bei Hugo von Seeliger mit einer mathematischen Arbeit über das Dreikörperproblem der Himmelsmechanik.

Im Jahre 1919 wurde ihm die Betreuung des damals zur Sternwarte der Bayerischen Akademie der Wissenschaften in München gehörenden erdmagnetischen Observatoriums übertragen. Es sollte bis zu seinem Eintritt in den Ruhestand seine Wirkungsstätte bleiben.

Friedrich Burmeister übernahm ein beklagenswertes, im Verfall befindliches Observatorium. Die Münchener Glanzzeiten der geomagnetischen Arbeiten unter Johann von Lamont waren lange vorbei. Das verfügbare

Instrumentarium erwies sich als nahezu unbrauchbar. Die von seinem verstorbenen Vorgänger Johann Messerschmitt hinterlassenen Aufzeichnungen des Observatoriums waren seit 1909 unbearbeitet. Die geomagnetische Vermessung des Freistaates Bayern existierte nur als Fragment.

Meßhütte in Maisach

Als Glücksfall erwies sich, dass Friedrich Burmeister auf Grund seiner ausgezeichneten Fähigkeiten und Erfahrungen in Astronomie sowohl in geomagnetischer Messtechnik als auch bei der mathematischen Bearbeitung der Daten in der Lage war, das Observatorium im Laufe der Jahre zu einer mustergültigen wissenschaftlichen Einrichtung zu gestalten. Gleichzeitig wirkte er maßgeblich bei einem erheblichen Teil der geomagnetischen Vermessung Süddeutschlands sowie in den 30er-Jahren bei der Reichsvermessung mit. Rat und Anregung holte er sich vor allem bei Adolf Schmidt in Potsdam. Mit dessen Mitarbeitern Richard Bock und Gerhard Fanselau war er freundschaftlich verbunden.

Instrumente im 7,5 m tiefen Sommerkeller der Maisacher Brauerei

Friedrich Burmeister gelang schließlich in jahrelangem Bemühen die durch die Ausdehnung und Industrialisierung des Großraumes München dringlich gewordene Verlegung des Observatoriums an seinen heutigen Standort. Zunächst ab 1927 in einer Messhütte in Maisach, seit 1931 im 7,5 m tiefen „Sommerkeller" der alten Maisacher Brauerei und schließlich ab 1. Januar 1939 in Fürstenfeldbruck westlich von München fand Friedrich Burmeister nach mühevollem und unbefriedigendem Arbeiten seine

Anstrengungen belohnt. Seit Anfang der 50er-Jahre wurden im vom Kriege verschonten Observatorium in Fürstenfeldbruck auch wieder Erdbeben mit modernen elektromechanischen Seismometern registriert. 1953 folgte dann die Angliederung der Erdbebenwarte an das heutige Deutsche Seismologische Regionalnetz GRSN.

Die Teilnahme Friedrich Burmeisters an der Gründungsveranstaltung der DGG 1922 ist neben seinem vielseitigen Interesse wohl vor allem darauf zurückzuführen, dass seit 1905 auf dem Gelände der Münchener Sternwarte auch eine Erdbebenwarte existierte. Für deren Betrieb empfand Friedrich Burmeister stets eine gewisse innere Pflicht.

Über die Bestimmung der Temperatur eines schwingenden Magneten

Von **Fr. Burmeister,** Fürstenfeldbruck

Bei Messungen der Horizontalintensität des Erdmagnetismus ist es üblich, die Temperatur des schwingenden Magneten durch ein Thermometer zu ermitteln,

Zeitschrift für Geophysik, Band 16 (1940), Seite 125

Über die Verwendung von Photozellen bei Messungen der Schwingungsdauer von Magneten

Von **F. Burmeister,** Fürstenfeldbruck. — (Mit 1 Abbildung)

Die bisher übliche Auge- und Ohrmethode zur Messung von Schwingungsdauern von Magneten wird durch Registrierung mittels Photozelle und Chromograph ersetzt. Die Genauigkeit der beiden Verfahren wird untersucht und für die neue Registriermethode eine rund 10fache Überlegenheit nachgewiesen

Zeitschrift für Geophysik, Band 18 (1943), Seite 123

Friedrich Burmeisters Zeitgenossen lobten immer wieder sein gewaltiges Arbeitspensum, seinen Fleiß, seine Ausdauer, sein hervorragendes Gedächtnis, die übersichtliche und genaue Dokumentation der umfangreichen Beobachtungen, die mathematisch exakte Behandlung des Zahlenmaterials. Er vereinigte in sich die Tugenden eines bescheidenen, aber sehr erfolgreichen Einzelgängers, ohne ein abgewandter Sonderling zu sein. Mit großer Aufmerksamkeit nahm er am öffentlichen Leben teil. Die Bürger Fürstenfeldbrucks schätzten seine Aktivitäten im Stadtrat.

110. Jahrestag des erdmagnetischen Observatoriums Fürstenfeldbruck 1950

Friedrich Burmeister verstarb unerwartet am 23. März 1969, drei Tage vor seinem goldenen Doktor-Jubiläum, das mit der Erneuerung der Urkunde feierlich begangen werden sollte. „Das Wirken in der Stille hat ganz seiner Wesensart entsprochen. Es genügte ihm, dass er im engen Kreis der Fachkollegen etwas galt und dass junge Wissenschaftler seinen Rat suchten." (K. Wienert)

Werke (Auswahl)

1933   Die Entwicklung der erdmagnetischen Forschung in Bayern.
       Z. Geophys., **9**, 236-237

Auszeichnungen / Ehrungen (Auswahl)

Silberne Medaille „Bene merenti". Bayerische Akademie d. Wissenschaften 1950

Quellen

Wienert, K. (1970): In memoriam FRIEDRICH BURMEISTER.
   Z. Geophys., **36**, 333-334
Soffel, H. C. (2015): History of the Munich-Maisach-Fürstenfeldbruck
   Geomagnetic Observatory. Hist. Geo Space Sci., **6**, 65-86
Persönliche Mitteilungen: Heiner Soffel, Gauting

Friedrich Errulat (1889-1969)

J. Errulat

* 18. Oktober 1889 in Heinrichswalde bei
  Tilsit/Ostpreußen
† 24. März 1969 in Altenberge bei Münster

1910 Oberrealschule Königsberg Abschluss
1910-1919 Studium Lehrer Uni Königsberg
    1914-1918 Beurlaubung Heeresdienst
    Fußartillerie/Lichtmesstrupp
1919 Höheres Lehramt Erdkunde, Physik und
    Mathematik; Studienreferendar
1920-1936 Königsberg Universität
    1922 Promotion, 1923 Leiter der
    Geophysikalischen Warte Groß Raum
1936-1958 Hamburg Deutsche Seewarte
    1937 a. o. Professor Uni Hamburg
    1938 Erdmagnetisches Observatorium
    Wingst, ab 1946 zum Deutschen
    Hydrographischen Institut gehörig
1954 Ruhestand

Leben und Wirken

Friedrich Wilhelm Errulat wurde am 18. Oktober 1889 im ostpreußischen Heinrichswalde bei Tilsit als Sohn des Kaufmannes Wilhelm Errulat geboren. Er heiratete später die Tochter eines Industriellen aus dem Ruhrgebiet. Aus der Ehe ging ein Sohn hervor.

Zum Studium zog es ihn zunächst ins nahe Königsberg, wo er sich für ein Lehrerstudium einschrieb. Seine Ausbildung musste er während des Heeresdienstes bei der Fußartillerie für mehrere Jahre unterbrechen. 1919 bestand er die Prüfungen für das Höhere Lehramt und begann im Januar 1920 als Studienreferendar an einem Königsberger Gymnasium.

Friedrich Errulat ging aber noch im selben Jahr wieder zurück an die Albertus-Universität Königsberg, wo er eine Stelle als Assistent am Geologischen Institut fand und 1921 Mitarbeiter von Karl Andrée wurde. 1922 folgte die Promotion über die Fernwirkungen einer Explosion. 1924 schloss sich die Venia legendi an.

1921 war er bei Hermann Reich in der Geophysikalischen Warte Groß Raum im Fritzener Forst nördlich von Königsberg tätig. Der Institutsdirektor Andrée übertrug ihm 1923 die Leitung der Warte. Die Station lag seismisch relativ günstig auf einem Hügel aus anstehendem Kreidefelsen. Sie war im Zuge des um die Jahrhundertwende von Georg Gerland vorgeschlagenen staatlichen deutschen Erdbebendienstes errichtet worden; ausgerüstet mit einem WIECHERT-Horizontalseismografen von 985 kg, später 1300 kg Masse.

Friedrich Errulat hat sich in seiner Königsberger Zeit auch bei der erdmagnetischen Vermessung Ostpreußens im Zuge der Reichsaufnahme hervorgetan. Er trug wesentlich zu der Erkenntnis bei, dass magnetische Anomalien in Norddeutschland nicht nur durch diluviale Bedeckung hervorgerufen werden können, sondern auch durch tiefer gelegene Intrusivkörper an tektonische Linien gebunden sind.

Eröffnung des Observatoriums Wingst am 30. April 1938

1936 verließ Friedrich Errulat Königsberg und übernahm an der Deutschen Seewarte Hamburg das Referat „Erdmagnetismus". Hier trieb er die Entwicklung neuer Geräte und Messmethoden für fernanzeigende magnetische Registrierungen voran, um in Tauchkugeln oder Schleppgeräten auf Nord- und Ostsee bis etwa 100 m nahe an eisernen Schiffen messen zu können. Neben dem Doppelkompass für die Horizontalkomponenten kam auch ein induktorähnliches Rotationsgerät für die Vertikalkomponente zum Einsatz; Vorläufer der ab 1952 gebräuchlichen FÖRSTER-Sonde.

Unter Errulats Leitung hatte 1938 das Erdmagnetische Observatorium Wingst an der Niederelbe südlich von Cuxhaven die Arbeit aufgenommen. Die langjährigen Messreihen des Marineobservatoriums Wilhelmshaven wurden in magnetisch weniger gestörtem Umfeld fortgesetzt.

Wingst, Absoluthaus (vor 1970), Blickrichtung NW

In Wingst gelang es, mit optimierter instrumenteller Ausrüstung (u. a. Entwicklung des späteren erdmagnetischen Variografen der ASKANIA-Werke) neue wissenschaftliche Aufgaben und Ziele anzugehen. Beim Vergleich der Wingster Z-Komponente mit den Messungen in Niemegk konnte gemeinsam mit Gerhard Fanselau und Julius Bartels die Existenz eines induzierten Erdstromes nachgewiesen werden. Dieser ging später als Norddeutsch-Polnische Leitfähigkeitsanomalie in die Geophysik ein und führte zu der heutigen Elektromagnetischen Tiefenforschung.

Das Observatorium wurde 1990 Teil des Bundesamtes für Seeschifffahrt und Hydrographie Hamburg und gehört seit dem Jahre 2000 zum heutigen Deutschen GeoForschungsZentrum Potsdam.

Errulat betonte oft, „der sehnlichste Wunsch eines messenden Erdmagnetikers ist es, die Stärke des Erdmagnetfeldes auf Knopfdruck messen zu können, statt sich der ‚Auge-Ohr-Methode' zur Messung von Ablenkungen und Schwingungen bedienen zu müssen" (Pers. Mitt. D. Voppel). Errulats Traum sollte noch zu seinen Lebzeiten in Erfüllung gehen.

Friedrich Errulat hat sich bedeutende Verdienste um die DGG erworben. Als nach 1945 die Gesellschaft durch Erlass der Besatzungsmächte offiziell nicht mehr tätig werden konnte, gehörte er zu den Initiatoren der „Geophysikalischen Gesellschaft in Hamburg", die dann seit 1949 in Clausthal wieder den alten Namen DGG tragen durfte. Die DGG ist noch heute als Verein beim Amtsgericht Hamburg angemeldet.

Von 1953 bis 1955 übernahm
Errulat selbst den DGG-Vor-
sitz und schaffte es, dass seit
1954 wieder die traditionelle
Zeitschrift für Geophysik erscheinen konnte.

*Friedrich Errulat (links) und
Ernst Tams. DGG-Tagung 1950
in Hamburg*

Friedrich Errulat starb 1969 im Krankenhaus Altenberge bei Münster. „In
Verehrung und Dankbarkeit nehmen wir Abschied von Friedrich Errulat,
dessen Leben und dessen Werk für viele Jahrzehnte unvergessen bleiben
wird." (Otto Meyer)

Werke (Auswahl)

1939 Das erdmagnetische Observatorium Wingst der Deutschen Seewarte.
       Ann. d. Hydr. u. Marit. Met., **67,** 355-360
1941 Erdmagnetische Karten für das nördliche Ostpreußen.
       Ann. Hydrograph., **1,** 173-178
1950 Messungen der erdmagnetischen Vertikalintensität auf See. Dt. Hydr. Z., **3**
1974 Die geophysikalische Warte Gross Raum der Universität Königsberg/Pr.
       In: Birett, H.: Zur Geschichte der Geophysik, S.131-138. Berlin u. a.

Auszeichnungen / Ehrungen (Auswahl)

Ehrenmitgliedschaft der Deutschen Geophysikalischen Gesellschaft e. V. 1956

Quellen

Meyer, O. (1969): In memoriam FRIEDRICH ERRULAT.
   Z. Geophys., **35,** 623-625
Schulz, G. (2001): From Deutsche Seewarte Hamburg to GeoForschungsZentrum
   Potsdam – Wingst Geomagnetic Observatory during six decades. Contr. to
   Geophysics and Geodesy, **31,** 17-24
Voppel, D.; Schulz, G.; Korte, M. (2013): 75 Jahre Erdmagnetisches
   Observatorium Wingst – ein Rückblick. Mitteilungen DGG 3/2013, 20-25
Persönliche Mitteilungen: Günter Schulz, Otterndorf; Dietrich Voppel, Buchholz
Danksagung: Jürgen Matzka, Niemegk

Immanuel Friedlaender (1871-1948)

Immanuel Friedlaender.

* 09. Februar 1871 in Berlin
† 03. Januar 1948 in Zürich

1892-1893 Studium Fachlehrer
         Naturwissenschaften, Eidgenössische
         Polytechnische Schule in Zürich, später
         ETHZ
1893-1948 Forschungsreisender und
         Privatgelehrter
         1914-1936 Vulkaninstitut Neapel
         1922 Schweizer Staatsbürgerschaft
1948   Begräbnis in Berlin-Lichterfelde

Leben und Wirken

Gottfried Immanuel Friedlaender wurde am 9. Februar 1871 als Sohn von Carl Friedlaender, Professor für Nationalökonomie, in einer wohlhabenden jüdischen Berliner Familie geboren. Später heiratete er Hertha Meyer, eine der Schwestern des Physikers Stefan Meyer, die ihm drei Töchter und einen Sohn schenkte. 1922 nahm Immanuel Friedlaender die Schweizer Staatsbürgerschaft an.

Friedlaender absolvierte am Eidgenössischen Polytechnikum Zürich ein Studium zum Fachlehrer der Naturwissenschaften. Entscheidend für seinen späteren wissenschaftlichen Lebensweg als Vulkanforscher war 1892 eine Reise mit seinem fünf Jahre älteren Bruder Benedict in die Vulkangebiete von Südostasien und Hawaii. Schon damals offenbarte sich auch seine besondere Leidenschaft für die Dokumentation der Erlebnisse in umfangreichen Foto- und Gesteinssammlungen. Der Großteil davon ist bis heute in gutem Zustand und wohlgeordnet an der ETH Zürich für die Öffentlichkeit zugängig.

Auf dem Internationalen Geologen-Kongress 1910 in Stockholm regte Friedlaender die Gründung eines Internationalen Vulkaninstitutes in Neapel an. Die weithin positiven Reaktionen ermutigten ihn im Januar 1911 zum Gründungsaufruf, „um zum ersten Male eine dauernde und systematische Untersuchung der vulkanischen Erscheinungen zu ermöglichen".

Friedlaender mit vulkanischer Bombe am Krater des Fuji (Japan) 1909

Friedlaender strebte mit dem Vesuv-Observatorium unter Leitung des Priesters und Erdbebenforschers Giuseppe Mercalli, des Schöpfers der 12-teiligen Bebenskala, eine Kooperation an. Diese kam aber nicht zustande, da Mercalli 1914 beim Brand seines Hauses in Neapel ums Leben kam. Danach lag die Arbeit des staatlichen Vesuv-Observatoriums darnieder.

1914 erschien Friedlaenders *„Zeitschrift für Vulkanologie"* in 1. Auflage beim Verlag D. Reimer in Berlin. Darin überraschte er mit der Mitteilung, dass die Idee von einem Internationalen Vulkaninstitut nicht als öffentliches Projekt, sondern nur auf privater Basis als *„Vulkaninstitut Immanuel Friedlaender"* verwirklicht werden könne, da „trotz aller moralischen Unterstützung die Geldzeichnungen nur einen sehr geringen Betrag erreichten". Das Institut dokumentierte

Zeitschrift für Vulkanologie 1914-1936

fortan die vulkanischen Aktivitäten am Vesuv, unterhielt eine Seismologische Station, betrieb ein Gasanalytisches Laboratorium an der Solfatara in Pozzuoli, richtete eine Bibliothek ein und schuf eine umfangreiche Sammlung von Fotografien und Gesteinen.

Immanuel Friedlaender mit Familienangehörigen im Vesuvkrater 1928

Links: Friedlaender (Bildmitte stehend) am Galeras (Kolumbien) 1925

1934 musste Friedlaenders Institut auf Grund der sich zuspitzenden politischen Situation in Italien geschlossen werden. 1936 stellte auch die *Zeitschrift für Vulkanologie* ihr Erscheinen ein. Bibliothek, Foto-, Grafik- und Mineraliensammlung des Institutes gingen durch Schenkung an die ETH Zürich. 8900 Bilder von den Vulkangebieten der Erde aus der Friedlaender-Sammlung (1890-1935) befinden sich im Bildarchiv der ETH Zürich. Davon sind ca. 3500 digitalisiert und auf einer Bilddatenbank online gestellt.

Seit 1937 besteht eine gemeinnützige Stiftung aus Teilen von Friedlaenders Vermögen, heute unter dem Namen *Stiftung Vulkan-Institut Immanuel Friedländer* (hier Schreibweise des Namens mit „ä"!). Nach der aktuell gültigen Stiftungsurkunde von 1987 ist der Sitz der Stiftung Zürich, am Institut für Mineralogie und Petrographie der ETH. Zweck der Stiftung ist die Unterstützung wissenschaftlicher Arbeiten auf dem Gebiet der Vulkanologie. Empfänger von Stiftungsleistungen sind Wissenschaftler, die in der Schweiz Wohnsitz haben oder an einer schweizerischen oder einer Hochschule des benachbarten Auslandes tätig sind.

Immanuel Friedlaender starb am 3. Januar 1948 in Zürich. Seine Grabstätte befindet sich im Familiengrabmal auf dem Parkfriedhof Lichterfelde in Berlin-Zehlendorf.

Familiengrab Friedlaender, Berlin-Zehlendorf

Werke (Auswahl)

1929 Die Geschichte des Vesuvs. Verlag D. Reimer, Berlin
1931 Physics of the Earth I: Volcanology (Mitautor),
         National Research Council Bulletin No. 77

Quellen

ETH Zürich, Bibliothek und Bildarchiv
Universität Zürich, Archiv
Danksagung: Monica Bussmann, Nicole Graf, Sven Friedel, Sandra Morach, alle
    Zürich; Peter Kühn, Sabrina Rübrisch, Claudia Schülzky, Barbara Welker, alle
    Berlin; Jörg Rathjen, Kiel

Beno Gutenberg (1889-1960)

* 04. Juni 1889 in Darmstadt
† 25. Januar 1960 in Pasadena (Kalifornien)

Realgymnasium in Darmstadt
1907 Studium der Mathematik und Physik in Darmstadt
1908-1912 Studium der Meteorologie und Geophysik in Göttingen
1911 Promotion zur seismischen Bodenunruhe bei Emil Wiechert
1913-1918 Straßburg/Elsaß Mitarbeiter am Zentralbüro der Internationalen Seismologischen Assoziation
1918-1930 Darmstadt und Frankfurt/Main. Privatgelehrter
1924 Habilitation, Privatdozent
1926 nichtbeamteter a. o. Professor
1930-1958 Pasadena (Kalifornien) Professor for Geophysics and Meteorology am California Institute of Technology (Caltech)
1958 Ruhestand

Leben und Wirken

Beno Gutenberg wurde als Sohn des Seifenfabrikanten Hermann Gutenberg am 4. Juni 1889 in Darmstadt geboren. 1919 schloss er mit Hertha Dernburg die Ehe, aus der eine Tochter und ein Sohn hervorgingen.

Er besuchte das Realgymnasium in seiner Heimatstadt, wo er ab 1907 ein Studium der Mathematik und Physik begann. Die Phänomene und die noch weitgehend ungeklärten Gesetzmäßigkeiten der Physik der Erde faszinierten ihn und so zog es ihn 1908 (wohl auf Rat von Conrad Zeissig) zum weiteren Studium nach Göttingen, wo er besonders die Vorlesungen in Meteorologie und Geophysik belegte. Es kam zu Begegnungen mit Emil Wiechert, der seinen Lebensweg entscheidend beeinflussen sollte.

Im Jahr 1911 promovierte er bei Wiechert mit dem Thema *Die seismische Bodenunruhe* und fand 1913 Anstellung als Mitarbeiter im Zentralbüro der Internationalen Seismologischen Assoziation im damals noch deutschen Straßburg. Bereits in diesem Jahr gelang dem 24-jährigen Gutenberg eine der fundamentalsten Entdeckungen der Seismologie: der Nachweis der Existenz eines Erdkerns in etwa 2900 km Tiefe. Er hatte in den seit 1905 in Göttingen möglich gewordenen Registrierungen von vertikalen Bodenbeschleunigungen eine Lücke in den P-Einsätzen zwischen 103° und 144° Herdentfernung als Schattenwirkung eines Erdkerns mit einer geringeren Ausbreitungsgeschwindigkeit seismischer Wellen gedeutet (Gutenberg-Diskontinuität). Die Vermutung Wiecherts von 1907 war damit auch quantitativ bestätigt worden.

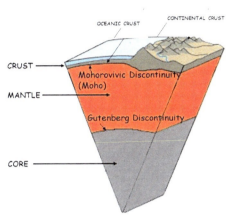

Erdkörper mit Gutenberg-Diskontinuität

Nach dem Ende des 1. Weltkrieges 1918 und dem damit verbundenen Aus für die deutschen Seismologen in Straßburg wirkte Gutenberg in Frankfurt als Privatgelehrter ohne feste Anstellung. Zur Sicherung seines Lebensunterhaltes übernahm er die Geschäftsführung der Seifen- und Lichterfabrik des Vaters in Darmstadt. Seine außerordentliche wissenschaftliche Produktivität blieb ungebrochen, sodass ihn die Universität Frankfurt im Jahre 1926 nach seiner Habilitation zum nichtbeamteten a. o. Professor ernannte und ihm im Rahmen eines Dozentenstipendiums die Betreuung der Erdbebenwarte im Taunus-Observatorium übertrug.

Beno Gutenbergs vergebliche Bemühungen, als Wissenschaftler jüdischer Konfession in Deutschland eine reguläre Anstellung zu finden, veranlassten ihn schließlich 1930, einem Ruf als Professor nach Kalifornien an das Caltech zu folgen. Gleichzeitig wurde er leitender Seismologe des Seismological Laboratory der Carnegie Institution in Pasadena. Aus einer recht bescheidenen Station machte er bald ein Weltzentrum der seismo-

logischen Beobach-
tung und Forschung.
Gemeinsam mit einem
seiner Mitarbeiter,
Charles Frances Rich-
ter, schuf er 1935 die
Magnitudenskala zur
Bestimmung der Stär-
ke von Erdbeben, heu-
te als Richter-Skala
bezeichnet.

*Auswertung von Seismo-
grammen im Caltech*

Unübertroffen bleibt seine Meisterschaft bei der Auswertung von Seismogrammen weltweit verbreiteter Erdbeben, die ihn zu bahnbrechenden
Leistungen in der Geophysik, speziell auf Gebieten der Seismologie führten, wie

- Energie, Magnitude und Herdmechanismen von Erdbeben,
- Aufbau des Erdkörpers und dessen elastische Eigenschaften und
  Temperaturen in verschiedenen Tiefen des Erdinnern, Gutenberg-
  Zone im Oberen Mantel,
- Instrumentelle Entwicklungen zur Aufzeichnung von Nahbeben,
- Mehrbändige Lehrbücher und Handbücher der Geophysik.

*Beno Gutenberg Medal der
European Geosciences Union EGU*

Walter Kertz schreibt über Beno
Gutenberg: „So wichtig die Beiträge zu Einzelproblemen waren, so lag Gutenbergs Haupt-
bedeutung für die Geophysik
darin, daß er immer wieder ver-
suchte ..., dies alles in einer
Zusammenschau zu vereinigen,
um ein Bild vom Aufbau der
Erde zu erhalten."

Beno Gutenberg ging 1958 in den Ruhestand, freilich ohne seine produk-
tiven Arbeiten zu unterbrechen. Eine schwere Lungenentzündung nach
Grippe-Infekt beendete am 25. Januar 1960 in Pasadena das Schaffen von
Beno Gutenberg. „Sein überragendes Wirken wird über viele Jahrzehnte
grundlegend bleiben und Früchte tragen. Wir alle danken ihm vom Herzen
dafür und wollen ihn in Verehrung in unserem Gedächtnis behalten." (W.
Hiller)

Werke (Auswahl)

1924/25 Der Aufbau der Erdkruste auf Grund geophysikalischer Beobachtungen.
     Z. Geophys., **1**, 94-108
1925 Der Aufbau der Erde. Borntraeger, Berlin
1926 Lehrbuch der Geophysik. Borntraeger, Berlin
1941 Seismicity of the Earth (gemeinsam mit C. F. Richter). Special Paper
     Geological Society of America, Geophysics Series, New York
1957 Spectrum of P and S in Records of Distant Earthquakes.
     Z. Geophys., **23**, 316-319
1960 Physics of the Earth's Interior. Academic Press, New York

Auszeichnungen / Ehrungen (Auswahl)

William Bowie Medal der American Geophysical Union AGU 1953
Dr. h. c. Uppsala 1955
Wiechert-Medaille der Deutschen Geophysikalischen Gesellschaft e. V. 1956
Mitglied der National Academy of Sciences in Washington
Präsident Seismological Society of America / Präsident International Association
  of Seismology and Physics of the Earth Interior

Quellen

Hiller, W. (1960): In memoriam Prof. Dr. Beno Gutenberg. Z. Geophys., **26**, 298
Berckhemer, H. (1997): Zur Geschichte der Geophysik an der Universität
    Frankfurt a. M. In: Neunhöfer, H., u. a.: Zur Geschichte der Geophysik in
    Deutschland. Jubiläumsschrift 75 Jahre DGG, Hamburg
Kertz, W. (1997): Geschichte der Geophysik, 291ff. Olms-Verlag Hildesheim
Danksagung: Johannes Schweitzer, Oslo

Wilhelm Haubold (1893-1986)

* 27. Januar 1893 in Dortmund
† 29. August 1986 in Göttingen

1903-1912 Realgymnasium Dortmund
1912-1914 Studium Mathematik in Rostock,
      Physik und Chemie in Göttingen
1914-1918 Wehrdienst als Luftschiffer und
      Meteorologe im Heereswetterdienst
1919-1923 Fortsetzung des Studiums in
      Göttingen und Privatassistent bei
      Wiechert
1923   Promotion mit Arbeit zur Meteorologie
1923-1931 Hannover Seismos GmbH
      Geophysikalische Messtrupps
      (Ra-Seismik, Drehwaage), USA,
      Mexico
1931-1935 Universität Göttingen
      Geoelektrik, Geomagnetik, Gravimetrie
1935-1945 Hannover Seismos GmbH
      Abteilungsleiter, Ra-Seismik
1950-1958 Bentheim
      C. Deilmann Bergbau GmbH

Leben und Wirken

Friedrich Wilhelm Haubold wurde 1893 als Sohn des Oberingenieurs Reinhold Haubold in Dortmund/Westfalen geboren.

Nach dem Besuch des Realgymnasiums in seiner Heimatstadt begann er 1912 ein Studium der Mathematik in Rostock, das er bald mit den Fächern Physik und Chemie in Göttingen weiterführte. Ab 1914 erlebte er die ersten Kriegsmonate bei verschiedenen Luftschiffkommandos und diente ab 1915 als Meteorologe beim Heereswetterdienst.

Nach Kriegsende setzte er sein Studium in Göttingen fort. Er hatte das Glück, in Emil Wiechert einen akademischen Lehrer und Förderer zu finden, der ihn als seinen Privatassistenten mit Dienstwohnung ins Geophysikalische Institut auf den Hainberg holte. Bei Wilhelm Haubold war ihm

*Texas-Prärie
Ford-Wagen
Touring.*

*Links
W. Haubold,
rechts
A. Klopp*

sein ausgezeichnetes Fachwissen beim Bau geophysikalischer Instrumente aufgefallen. Haubold verstand es, manche Idee des Meisters in funktionsfähige Seismografen umzusetzen.

Mit fast 30 Jahren entschied sich Haubold für eine tragfähigere Lebensbasis als jene, die ihm der Universitätsbetrieb bieten konnte. Im Mai 1923 trat er in den Dienst der kurz vorher durch Ludger Mintrop gegründeten Seismos GmbH Hannover; von der beschaulichen Idylle des Göttinger Instituts in die raue Marktwirtschaft der angewandten Geophysik. Wilhelm Haubold wurde einer der erfolgreichsten Truppgeophysiker des Unternehmens. Zunächst in Holland, dann in den Sümpfen von Louisiana, den Prärien von Texas und Mexiko gehörte Haubold zu den Pionieren der Geophysik. Er war Mitentdecker zahlreicher Salzdome mittels seismischer und gravimetrischer (Drehwaage und Sterneck-Pendel) Verfahren.

Refraktionsschuss, Messtrupp Haubold. Texas-Prärie, um 1925. Aufnahme A. Klopp

Wilhelm Haubold hat sich während all seiner Einsätze als Truppgeophysiker im Felde mit der Verbesserung der Leistungsfähigkeit der ihm anvertrauten Geräte beschäftigt. So nimmt es nicht Wunder, dass ihm die Seismos GmbH etwa ein Jahr lang auch die Leitung beim Bau neuer Feldapparaturen anvertraute. Insbesondere die Umstellung der Sterneck-Pendelmessungen auf fotografische Registrierung und drahtlose Übertragung der Pendelschwingungen gehen auf den „Ingenieur und Tüftler" Haubold zurück.

Nach mehreren „goldenen Jahren" führte die Weltwirtschaftskrise 1930 zum Ende des gesamten Auslandsbetriebes der Seismos. Haubold fand 1931 zurück zur Universität Göttingen, wo er mit geoelektrischen, geomagnetischen und gravimetrischen Untersuchungen (u. a. für die Geophysikalische Reichsaufnahme) weiterhin als Geophysiker arbeiten konnte.

Im Jahre 1935 rief ihn dann wieder die Seismos GmbH. Haubold wurde Abteilungsleiter und führte vor allem Messtrupps bei der refraktionsseismischen Erkundung Norddeutschlands. Zahlreiche in den Isochronenplänen von Hermann Reich erstmals 1937 verzeichnete, bisher unbekannte NNO-SSW streichende Salzstrukturen gehen besonders im Emsland auf die Messungen von Wilhelm Haubold zurück. Dank seiner in Amerika gewonnenen Erfahrungen hatte er eine wesentliche Rolle bei der Einführung neuer Techniken der Refraktionsseismik gespielt, wie Fächerschießen statt Linienschießen, Schussanregung im Bohrloch statt an der Oberfläche.

Sprengstoffboot bei Fahrt vor der Elbmündung zum Vermessungsschiff „Gauß", um 1955 (links W. Haubold)

1945 bedeutete für Wilhelm Haubold zunächst wieder Abbruch seiner Tätigkeit als Geophysiker. Nach Bauhilfsarbeiter, Dolmetscher und Büroangestellter fand er aber 1950 mit 57 Jahren nochmals zur Geophysik: als Seismiker bei der C. Deilmann GmbH in Bentheim. Nun lernte er mit der ihm eigenen Entdeckerfreude auch noch den Beginn einer neuen Ära der Seismik kennen; die Reflexionsseismik an der Schwelle zur Digitalseismik. Auch Seeseismik war damals noch unbekannt, aber „Niedrigwasserseismik" im Wattenmeer beidseits der Elbmündung gehörte Anfang der 1950er-Jahre zu Haubolds Vorstößen in unerschlossenes seismisches Neuland.

Wilhelm Haubold hat seinen Berufsweg und die damit verbundenen, teils recht abenteuerlichen Erlebnisse mit sehr lebendigen und liebenswürdigen, oft humorvollen Worten in einem über 30 Seiten umfassenden Bericht über sein Berufsleben beschrieben. Zur Geschichte der Geophysik hat er damit der Nachwelt ein unschätzbares Kleinod geschenkt:

Dr. Wilhelm Haubold:

Ein Leben für die Geophysik

RÜCKBLICK EINES IN IHREM DIENSTE ERGRAUTEN PIONIERS

1986 starb Wilhelm Haubold im gesegneten Alter von 93 Jahren. Er war der Letzte aus der Schar der 24 Gründungsväter von 1922. Seine ewige Ruhe fand er auf dem Parkfriedhof Junkerberg in Göttingen.

Quellen

Haubold, W. (1959): Ein Leben für die Geophysik.
   In: Unser Betrieb. C. Deilmann Bergbau GmbH. 7. Jg., Nr. 3, Bentheim.
Brunk, W. (2018): Teilnachlass Haubold. Schenkung von Wiechert'scher
   Erdbebenwarte Göttingen an DGG-Archiv
Diehl, W. (2018): PRAKLA-SEISMOS Downloadportal
Danksagung: Wolfgang Brunk, Göttingen; Wolfgang Diehl, Hannover;
   Joachim Krüger, Göttingen

Oskar Hecker (1864-1938)

*21. Mai 1864 in Bersenbrück bei Osnabrück
† 19. September 1938 in München

Gymnasium Carolinum in Osnabrück
1887-1891 Studium der Astronomie in Bonn,
Berlin und München
1891 Promotion in München
1891-1910 Potsdam
Preußisches Geodätisches Institut
1891 Hilfsrechner, 1895 Assistent, 1902
Professor, 1907 Hauptobservator
1910-1918 Straßburg/Elsaß
Kaiserliche Hauptstation für
Erdbebenforschung
Kommissarischer Leiter, Direktor
1915 Honorarprofessor
1919-1932 Jena Reichsanstalt für
Erdbebenforschung Direktor
1932 Ruhestand

Leben und Wirken

Oskar Ernst August Hecker wurde am 21. Mai 1864 als Sohn des hannoverschen Amtsvogtes Franz Hecker und dessen Ehefrau Maria Katharina in Bersenbrück bei Osnabrück geboren. Er war verheiratet mit Martha Bertini aus einer italienischen Künstlerfamilie und hatte einen Sohn und zwei Töchter.

Auf dem Gymnasium Carolinum in Osnabrück erhielt der junge Hecker seine Schulbildung bis zur Hochschulreife. Das Studium der Astronomie führte ihn nach Bonn, Berlin und München, wo er über die Eigenbewegung der Fixsterne und die Bewegung des Sonnensystems promovierte.

Im Jahre 1891 stellte ihn Robert Helmert als Hilfsrechner am Preußischen Geodätischen Institut auf dem Potsdamer Telegrafenberg ein. Entscheidend für Heckers Laufbahn als Geophysiker wurde nach dem frühzeitigen Tod von Ernst von Rebeur-Paschwitz die Aufgabe, sich mit dem auf dem

Telegrafenberg verwaisten Horizontalpendel zu beschäftigen. Hecker besaß ein ausgeprägtes Gefühl für die Funktion geophysikalischer Geräte. Er wies vor Wiechert und Mintrop nach, dass ein ursprünglich zum Verfolgen von Lotschwankungen bestimmtes Pendel auch zum Registrieren von nahegelegenen Sprengerschütterungen brauchbar ist.

1896 konnte Oskar Hecker das nach seinen Plänen errichtete und bis heute im GFZ erhaltene Erdbebenhaus des Potsdamer Geodätischen Instituts auf dem Telegrafenberg in Betrieb nehmen. Hecker erkannte als einer der ersten die Ursache der mikroseismischen 2 Hz-Bodenunruhe als Folge der Brandung an der norwegischen Küste. Ihm gelang erstmalig der sichere quantitative Nachweis der durch die fluterzeugenden Kräfte von Mond und Sonne hervorgerufenen Gezeiten der festen Erde.

Der erfolgreiche Tüftler Hecker nutzte spitzengelagerte Horizontalpendel, die er bis in die 25 m tiefe Brunnenkammer des Geodätischen Instituts Potsdam versenkte.

Horizontalpendel mit Zöllner-Aufhängung nach Hecker. Hergestellt 1910 in der Werkstatt des Geodätischen Instituts Potsdam

In Heckers Potsdamer Zeit fallen auch seine bahnbrechenden Entwicklungsarbeiten zur Messung der Erdschwerkraft auf den Ozeanen mittels Quecksilberbarometer und Siedethermometer. Von 1902 bis 1910 hat Hecker bei zahlreichen Schiffsreisen auf allen Ozeanen die Erdschwere gemessen und trotz geringer Genauigkeit von 30 mgal maßgeblich zur Festigung der damaligen Erkenntnis vom isostatischen Massenausgleich beigetragen. Auch sind ihm die erheblichen Schwereanomalien über den Tiefseegräben nicht verborgen geblieben. Heckers Wirken auf dem Telegrafenberg vor über 100 Jahren steht am Anfang des bis heute erreichten Weges zur „Potsdamer Schwerekartoffel".

Im Jahre 1910 begann Oskar Hecker seine Tätigkeit als Kommissarischer Leiter der Kaiserlichen Hauptstation für Erdbebenforschung in Straßburg im Elsaß als Nachfolger von Georg Gerland. Die instrumentelle Ausrüstung der Kaiserlichen Hauptstation war bei Eintritt Heckers veraltet und unzulänglich. Hecker leistete dank seiner organisatorischen und technischen Begabung gemeinsam mit seinen Mitarbeitern Gutenberg, Mainka und Sieberg rasche und gründliche Aufbauarbeit. Auch Wissensverbreitung war ihm wichtig. Hecker übernahm ab 1911 die Herausgabe von *Gerlands Beiträge zur Geophysik* in der Akad. Verlagsges., Leipzig.

Nach Ende des 1. Weltkrieges im Jahre 1918 und der damit verbundenen Auflösung der Kaiserlichen Hauptstation in Straßburg fasste Hecker den Entschluss, eine ähnliche Einrichtung in Deutschland zu gründen. Als Ort wählte er Jena in Thüringen. Es gelang ihm, eine moderne Erdbebenstation zu schaffen, und er bemühte sich um die Erweiterung der seismologischen Aufgaben auf seismische und gravimetrische Themen.

Die Reichsanstalt für Erdbebenforschung in Jena mit dem Geheimen Regierungsrat Hecker als Direktor wurde am 1. Oktober 1923 eröffnet.

Reichsanstalt für Erdbebenforschung 1923 in Jena, Fröbelstieg

Sein Schaffen in Jena hat noch lange Zeit über sein Ausscheiden im März 1932 erfolgreich fortgewirkt, so beim Bau von Instrumenten durch G. Krumbach und bei der Entwicklung der Makroseismik von A. Sieberg.

Oskar Hecker war 1922 einer der energischsten Unterstützer des Zusammenschlusses zur *Deutschen Seismologischen Gesellschaft*. Er wurde 1922 geschäftsführender Stellvertreter, veranstaltete die Erste ordentliche Geschäftsversammlung 1923 in Jena und gehörte 1924 zu den Gründungsherausgebern der *Zeitschrift für Geophysik*. Von 1924 bis 1926 übernahm Oskar Hecker den Vorsitz der seit 1924 neu bezeichneten *Deutschen Geophysikalischen Gesellschaft*. Er war in dieser Funktion ein Vorreiter bei der „Wiederanknüpfung der internationalen wissenschaftlichen Zusammenarbeit mit den früheren Feindländern" (Resolution DGG, 1926). Im Jahre 1934 verlieh ihm die DGG die Ehrenmitgliedschaft.

Seit 1934 verbrachte Oskar Hecker die letzten Lebensjahre bei
seinem Sohn in München, wo er
am 19. September 1938 nach
kurzer Krankheit im Alter von 84
Jahren verstarb.

Familiengrab Hecker
Johannisfriedhof in Osnabrück

„Diejenigen, die Hecker persönlich gekannt haben, werden ihn als stets
hilfsbereiten Kollegen, der sich seiner Leistungen, aber auch seiner Grenzen bewußt war, in treuer Erinnerung behalten. Er war ein aufrechter
deutscher Mann, mit verbindlichem Wesen und offenem, zuweilen tempe-
ramentvollem Charakter, der kein Blatt vor den Mund zu nehmen pflegte." (Ernst Kohlschütter)

Werke (Auswahl)

1900 Beitrag zur Theorie des Horizontalpendels. Gerl. Beitr. z. Geophysik, **4**
1908 Bestimmung der Schwerkraft auf dem indischen und großen Ozean und
       deren Küsten. Georg Reimer Berlin
1924 Gründung der Reichsanstalt für Erdbebenforschung in Jena. R.A.E., **3**, 3-9

Auszeichnungen / Ehrungen (Auswahl)

Deutsche Akademie der Naturforscher Leopoldina 1910
Russische Akademie der Wissenschaften 1923
Ehrenmitglied der DGG 1934
Sonderpoststempel der Briefmarkenfreunde Bersenbrück
2018

Quellen

Kohlschütter, E. (1938): Nachruf auf Oskar Hecker. Z. Geophys., **14**, 235- 240
Neunhöfer, H., u. a. (1997): Zur Geschichte der Geophysik in Deutschland.
       Jubiläumsschrift 75 Jahre DGG. Hamburg
Jacobs, F.; Schied, G. (2013): 75. Todestag von Oskar Hecker (1864-1938).
       DGG-Mitteilungen 1/2013, 28-31
Danksagung: Margit Hartleb, Jena; Frank Heisig, Ankum; Horst Neunhöfer, Jena

Franz Kossmat (1871-1938)

Prof. S. Franz Kossmat

* 22. August 1871 in Wien
† 01. Dezember 1938 in Leipzig

1890-1894 Studium der Geologie und
     Paläontologie in Wien
1894-1911 Wien
     1894 Promotion
     Paläontologe bei Eduard Sueß
     1897 Landesgeologe in Österreich
     1900 Habilitation
1911-1913 Graz Technische Hochschule
     Professor für Mineralogie und Geologie
1913-1934 Leipzig Universität Professor für
     Geologie und Paläontologie
     Institutsdirektor, Direktor des
     Sächsischen Geologischen Landesamtes
1934 Emeritierung infolge Krankheit
1938 Beerdigung in Leipzig (Südfriedhof)

Leben und Wirken

Franz Kossmat wurde am 22. August 1871 als einziges Kind des Tisch-lermeisters Georg Kossmat und seiner Ehefrau Theresia in Wien geboren. Aus der späteren Ehe mit seiner Frau Gertrud ging ihre Tochter Theresa verh. Maas hervor.

Nach Abschluß des Obergymnasiums in Wien-Mariahilf widmete er sich dem Studium der Naturwissenschaften in seiner Heimatstadt und promovierte 1894 mit einem Thema zur Kreidezeit in Süd-Indien. Unmittelbar danach trat er in die k.u.k. Geologische Reichsanstalt ein. Ihm wurde auf Grund seiner außergewöhnlichen Fähigkeiten sogleich die Aufnahme von vier Spezialblättern der Österreichischen Spezialkarte 1:75 000 anvertraut.

Von der Leidenschaft des jungen Geologen für das geologische Kartieren im Gelände zeugen in diesen Anfangsjahren auch seine zahlreichen Forschungsreisen nach Rußland, Finnland, Südfrankreich, Ungarn, Sokotra und Südarabien. Später folgten von ihm selbst geleitete Expeditionen, besonders nach Mittelasien.

1911 berief ihn die Technische Hochschule Graz auf eine Professur für Mineralogie und Geologie. Im Jahre 1913 erreichte ihn der Ruf an die Universität Leipzig auf den Lehrstuhl für Geologie und Paläontologie in Nachfolge von Hermann Credner. In Personalunion übernahm

Weihnachtsfeier 1913 im Leipziger Institut.

er das Direktorat des Sächsischen Geologischen Landesamtes in Leipzig; verbunden 1917 mit der Bestallung zum Geheimen Bergrat per Dekret durch den sächsischen König.

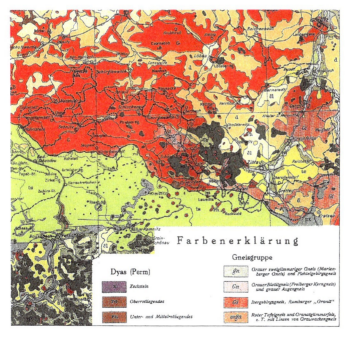

Geologische
Übersichtskarte
von Sachsen
(Ausschnitt)
Maßstab
1:400 000

Bearbeitung
Franz Kossmat
Kurt Pietzsch
Ausgabe 1930

Sächsisches
Geologisches
Landesamt
Leipzig

Franz Kossmat gehörte zu den führenden Geologen seiner Zeit. Er lieferte richtungsweisende Beiträge zum varistischen Gebirgsbau und zur Strukturgeologie Europas. In Sachsen setzte er Credners Landesaufnahme erfolgreich fort und krönte 1930 seine Bemühungen mit der Herausgabe der *Geologischen Übersichtskarte von Sachsen* im Maßstab 1:400 000.

Schwerekarte Mitteleuropas 1920 (Ausschnitt; aus Kossmat 1921)

Auf dem Gebiet der Geophysik hat der Geologe Kossmat bemerkenswerte Leistungen vollbracht:

1913-1923 Betrieb des Leipziger WIECHERT-Seismografen nach Hermann Credners Tod bis zum Kommen von Ludwig Weickmann.

1920 Isanomalenkarte von Teilen Mitteleuropas. Erste Schwerekarte Europas mit geologischen Großstrukturen.

1922 Mitbegründer der *Ständigen Makroseismischen Kommission* der DGG; Vorarbeiten eines makroseismischen Dienstes für Deutschland gemeinsam mit Andrée, Lutz, Tams, und Sieberg.

1924-1941 Mitherausgeber der *Zeitschrift für Geophysik* der DGG. Seit 1. Jahrgang 1924/25 bis nach seinem Tode postum 1941/42.

1930 Vorsitzender des *Ausschusses für die magnetische Karte Deutschlands* bei der Preußischen Geologischen Landesanstalt mit Schuh, Nippoldt, Errulat, Kühn, Barsch, Reich, Kaemmerer, Vorläufer der Geophysikalischen Reichsaufnahme.

An der Gründungsveranstaltung der DGG im Geophysikalischen Institut der Universität Leipzig hatte der Geologe Kossmat die Funktion des Direktors übernommen, da der Geophysik-Lehrstuhl nach dem Weggang von Bjerknes und dem Tod von Wenger noch vakant war.

Franz Kossmat wurde 1934, zunehmend an einer Schüttellähmung leidend, aus gesundheitlichen Gründen vorzeitig emeritiert und starb am 1. Dezember 1938 in Leipzig.

Leipziger Geologengrä-
ber auf dem Südfriedhof.
Hermann Credner,
Franz Kossmat,
Robert Lauterbach.

Grabstelen aus
Rochlitzer Rhyolith-Tuff.

Pflegepatenschaft Paul-
Benndorf-Gesellschaft
zu Leipzig e. V.

Werke (Auswahl)

1916 Paläogeographie. Sammlung Göschen; 406
1921 Die mediterranen Kettengebirge. Abh. Sächs. Akad. Wiss., B. G. Teubner
1927 Gliederung des varistischen Gebirgsbaues. Abh. Sächs. Geol. Landesamt
1931 Das Erdbild und seine Veränderungen. Akad. Verlagsgesellschaft Leipzig
1936 Paläogeographie und Tektonik. Borntraeger Berlin

Ehrungen / Auszeichnungen (Auswahl)

Deutsche Akademie der Naturforscher Leopoldina 1925
Mitglied der Akademien der Wissenschaften in Österreich, Preußen, Bayern,
    Göttingen und Sachsen
Ehrenmitglied Deutsche Geologische Gesellschaft und Geologische Vereinigung
Ehrendoktor der Technischen Hochschule Wien
KOSSMAT. Benennung von Ammonitengattungen und Foraminiferenarten.
    Name eines Platzes in der Stadt Wien

Quellen

Seibold, I.; Seibold, E. (1990): Neues aus dem Geologenarchiv. Mit Erinnerungen
    an Franz Kossmat. Geol. Rdsch., **80**, 801-804, Stuttgart
Drost, K.; Bach, F.; Kroner, U.; Lange, J.-M. (2004): Franz Kossmat (1871-
    1938). Miniaturen zur Geologie Sachsens. Staatl. Naturhist. Samml. Dresden
Jacobs, F. (2014): Franz Kossmat (1871-1938). Mitbegründer der Deutschen
    Geophysikalischen Gesellschaft. DGG-Mitteilungen **2**/2014, 26-27
Zirnstein, G. (2015): Franz Kossmat (1871-1938). In: Wiemers, G. (Hrsg.):
    Sächsische Lebensbilder, **7**, 241-257. Stuttgart
Persönliche Mitteilungen: Frank Bach, Leipzig; Jan-Michael Lange, Dresden

Gerhard Krumbach (1895-1955)

Prof. Dr. G. Krumbach

* 22. März 1895 in Hamburg
† 23. Dezember 1955 in Jena

1913 Heinrich-Hertz-Gymnasium Hamburg
      Reifezeugnis
1913-1914 Studium der Mathematik und
      Naturwissenschaften in Freiburg im
      Breisgau und Göttingen
1914-1916 Kriegsdienst und Verwundung
1918-1924 Göttingen Studium und Assistent
      bei Emil Wiechert
      1922 Promotion Thema Seismologie
1924-1955 Jena
      Reichsanstalt für Erdbebenforschung,
      Wissenschaftler, Leiter der Abteilung
      „Instrumentelle Seismik"
      1947 Zentralinstitut für Erdbeben-
      forschung Kommissarischer Leiter
      1949 Direktor und Professor

Leben und Wirken

Gerhard Georg Wilhelm Krumbach wurde 1895 in Hamburg geboren. Im Jahre 1927 vermählte er sich mit Traute Oeser. Beider Tochter lebt heute als promovierte Kunsthistorikerin in der Nähe von Weimar.

Am Heinrich-Hertz-Gymnasium Hamburg erwarb Krumbach 1913 das Reifezeugnis und begann danach ein Studium der Mathematik und Naturwissenschaften in Freiburg und Göttingen. 1914 kam er zum Kriegsdienst und wurde im November 1916 schwer verwundet. Nach Kriegsende 1918 zog es ihn zur Fortsetzung seines Studiums wieder nach Göttingen, um vor allem Vorlesungen in Geophysik bei Emil Wiechert zu hören. Wiechert führte den jungen Krumbach 1922 zur Promotion mit einem Thema über Erdbeben in ihrer Beziehung zur Schichtung der Erdrinde und nahm ihn als Assistent in sein Institut auf.

Im Jahre 1924 holte Oskar Hecker Krumbach in die gerade gegründete Reichsanstalt für Erdbebenforschung nach Jena. Hier übertrug man ihm bald die Abteilung „Instrumentelle Seismik". Krumbach baute in wenigen Jahren nicht nur die leistungsfähige Erdbebenstation auf, sondern ließ auch unterschiedliche Typen von H- und Z-Seismografen entwerfen und Seismografen hoher Präzision in Jenaer Tradition gediegener Feinmechanik und Optik herstellen.

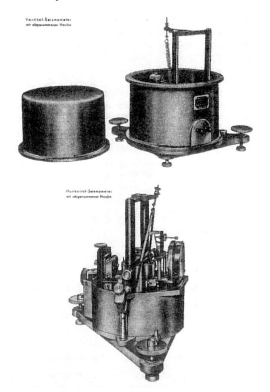

Mit den Namen Krumbach und Jena ist seit 1936 insbesondere die Entwicklung des „Ortsbebenseismometers", eines transportablen, tragbaren Gerätes zur Untersuchung von Nahbeben und Gebirgserschütterungen, verbunden: zunächst für zwei horizontale Komponenten der Bodenbewegung, seit 1944 auch für die vertikale. Die Merkmale waren 4 kg Masse, bis 2000fache Vergrößerung und optisch registrierend.

Horizontaler und vertikaler Nahbebenseismograph nach Krumbach, Geräte- und Regler-Werk Teltow, Geogeräte Brieselang

Mit einem Versuchsgerät zur Überwachung von Gebirgsschlägen im Kupferschieferbergbau bei Eisleben gelang 1940 die Aufzeichnung des historischen Bergschlages und seiner Begleiterschütterungen im Salzbergbau von Teutschenthal bei Halle/Saale.

Um 1950 erreichte Krumbach die Kleinserienfertigung seiner Nahbebenseismometer in der Firma Geogeräte Brieselang bei Berlin. Er hatte auf diese Weise mit seinen Mitarbeitern in der Jenaer Werkstatt neue Mög-

lichkeiten der Gewinnung nahseismischer Daten erschlossen: im Kupferschieferbergbau der Mansfelder Mulde, im Kali- und Salzbergbau Thürin-
gens und Sachsen-Anhalts, zur kontinuierlichen Beobachtung der säch-
sisch-böhmischen Schwarmbeben im Vogtland und bei der Überwachung
von Gebirgserschütterungen.

Gerhard Krumbach war zur DGG-Gründung 1922 als Assistent von Emil
Wiechert mit 27 Jahren der jüngste Teilnehmer. Verdienste um die deutsche Geophysik hat er sich vor allem nach 1945 durch die Wiederheraus-
gabe der Zeitschrift *Gerlands Beiträge zur Geophysik* bei der Akademischen Verlagsgesellschaft Leipzig erworben.

*Instituts-
gebäude Jena,
Burgweg 11*

1955 fand der erfolgreiche Lebensweg von Gerhard Krumbach ein unerwartet frühes Ende. Als Direktor des aus der ehemaligen Reichsanstalt für
Erdbebenforschung in Jena hervorgegangenen Zentralinstituts für Erd-
benforschung der DAW hatte es Krumbach nach mühevollen Anstrengungen geschafft, die Genehmigung für den Bau eines neuen Institutsgebäu-
des in Jena, Burgweg 11, zu erkämpfen. Während der Grundsteinlegung
des imposanten, nach seinen Vorstellungen maßgeblich mitgestalteten
Neubaus im November 1954 konnten ihn die Besucher noch voller Schaffenskraft und Zuversicht erleben.

Kurz vor der Einweihung des neuen Gebäudekomplexes schloss Gerhard
Krumbach nach überstandener Lungenentzündung infolge einer Herzatta-
cke am 23. Dezember 1955 im Alter von 60 Jahren für immer die Augen.

Gerhard Krumbach fand im Familiengrab auf dem Jenaer Nordfriedhof seine letzte Ruhe.

„Mit Gerhard Krumbach ist ein liebenswerter, vornehm denkender Mensch und ein tüchtiger, unermüdlich tätiger Wissenschaftler von uns gegangen, der leitend an sichtbarer Stelle unter schwierigen Verhältnissen in aufopferndem Einsatz wesentlich dazu beigetragen hat, die Seismologie bei uns in Deutschland wie auch dem Ausland gegenüber auf die alte Höhe zurückzuführen." (Ernst Tams)

Familiengrab Krumbach, Jena, Nordfriedhof

Werke (Auswahl)

1926 Über die Fortpflanzungsgeschwindigkeit der direkten Longitudinalwellen bei künstlichen Beben. Z. Geophys., **2**, 30-33

1938 Über die Verwendung langperiodischer Seismometer. Z. Geophys., **14**, 14-20

1941 Grundlagen und Aufbau eines Ortsbebenseismometers mit mechanischer Registrierung. Z. Geophys., **17**, 281-290

1953 Seismische Messungen in Bergbaugebieten als Beitrag zur Gebirgsschlagforschung. Freiberger Forschungshefte C7

Quellen

Tams, E. (1956): In memoriam Gerhard Krumbach. Z. Geophys. **22**, 117-120

Unterreitmeier, E. (1997): Seismische Station (1899-1964) und Seismometrie in Jena. In: Neunhöfer, H., u. a.: Zur Geschichte der Geophysik in Deutschland. Jubiläumsschrift 75 Jahre DGG, 217-226, Hamburg

Neunhöfer, H. (2000): Seismologie in Jena. Mitt. DGG-Sonderband VI, 11-28

Persönliche Mitteilungen: Frau Dr. Renate Müller-Krumbach, Weimar

Danksagung: Christoph Heubeck, Jena; Horst Neunhöfer, Jena

Wilhelm Löhr (1885-1964)

* 25. Mai 1885 in Hinsbeck/Kreis Essen
† 10. November 1964 in Witten/Ruhr

	Städtisches Gymnasium Dortmund
1903	Reifezeugnis Bochum
1903-1905	Ausbildung zum Markscheider im Ruhrgebiet
1905-1910	Studium des Markscheidewesens in Aachen bei Haussmann
1910-1953	Bochum
	Westfälische Berggewerkschaftskasse Bochum / Bergschule Bochum
	1910 Abteilung Markscheidewesen Mitarbeiter bei Ludger Mintrop
	1914 Markscheider und ordentlicher Lehrer für Markscheidekunde
	(1914-1918 Heeresdienst)
	1921 Leiter Abteilung Geophysik
	1944 Leiter Markscheidewesen und Geophysik einschl. Kartenwesen
1953	Ruhestand

Leben und Wirken

Wilhelm Löhr wurde 1885 als ältestes von drei Kindern des Rektors Friedrich Löhr in Hinsbeck/Kreis Essen im Ruhrgebiet geboren. Im Jahre 1914 vermählte er sich mit Ehefrau Helene geb. Hoese.

Seine Jugendjahre verlebte Wilhelm in Dortmund und Bochum, wo man ihm 1903 das Zeugnis der Reife erteilte. Der im Ruhrgebiet aufblühende Bergbau zog ihn in seinen Bann und so verschrieb er sich dem Beruf des Markscheiders. Die in Vorbereitung eines solchen Studiums vorgeschriebene praktische bergmännische Ausbildung absolvierte Löhr in den Jahren 1903 und 1904 in verschiedenen Steinkohlenzechen des Ruhrgebietes, in Eisenerzgruben und in Kali- und Salzbergwerken.

1905 wurde Wilhelm Löhr an der TH Aachen immatrikuliert und studierte Markscheidewesen und dessen Grenzgebiete bei Karl Haussmann. In Aachen kam es zu ersten Begegnungen mit seinem Kommilitonen Gottfried Schulte und mit Ludger Mintrop, der in dieser Zeit bereits zahlreiche Vorlesungen für Haussmann hielt. Diese drei Männer sollte später ein festes freundschaftliches Band ein Leben lang verbinden.

Bergschulgebäude der Westfälischen Berggewerkschaftskasse Bochum (um 1910)

Löhr folgte 1910 Gottfried Schulte an die Westfälische Berggewerkschaftskasse WBK nach Bochum, wo Mintrop in der Zwischenzeit in leitender Stellung tätig war. Löhr wurde sein Assistent und später berggewerkschaftlicher Markscheider. Die WBK war 1864 gegründet worden als bergbauliche Gemeinschaftsorganisation, die der Förderung des Ruhrbergbaus diente durch Verbesserung der bergmännischen Ausbildung und Intensivierung der Forschung, nicht zuletzt auch unter dem Anspruch einer Erhöhung der Sicherheit im Bergbau.

Löhr hat anhand der in der Bochumer Erdbebenwarte aufgezeichneten seismischen Aktivität gemeinsam mit Mintrop verschiedentlich vielbeachtete wissenschaftliche Beiträge geleistet. So wurde zu den Gerüchten über einen Zusammenhang zwischen fernen Katastrophenbeben und Schlagwetterexplosionen im Ruhrbergbau Stellung genommen. Beide konnten nachweisen, das schwere Fernbeben und das Auftreten von Schlagwettern, Stein- und Kohlefall sowie von seismischer Bodenunruhe im Ruhrgebiet nicht häufiger zu beobachten ist als es nach der Wahrscheinlichkeitsrechnung zu beobachten gewesen wäre.

Die ersten Jahre Löhrs an der WBK wurden während des 1. Weltkrieges unterbrochen durch den Heeresdienst, der Löhr 1916 eine Abkommandierung in die *Osmanische Kriegskohlenzentrale Konstantinopel* brachte. Dort wurde ihm die Direktion eines Braunkohlenbergwerkes in Suma bei Smyrna übertragen.

Im Jahre 1921 übernahmen Löhr und Schulte nach Mintrops Ausscheiden aus der WBK die Leitung der „Abteilung Markscheiderei und Warten", der neben der Bearbeitung der Kartenwerke die Betreuung der erdmagnetischen Warte und der Erdbebenwarte oblag. Löhr blieb auch während Mintrops Breslauer Zeit seinem ehemaligen Chef und Lehrer eng verbunden. So half er Mintrop wiederholt mit der Überlassung des Bochumer fotografisch registrierenden 3-Komponenten-Apparates, mit dem Mintrop in Breslau die Bodenschwingungen einer Kraftzentrale untersuchte.

Wilhelm Löhr mit Bergschülern, um 1930 (aus Moitra 2014, S. 91)

Die Erfahrungen von Schulte und Löhr beim Unterricht an der Bochumer Bergschule fanden seit 1932 Niederschlag im gemeinsamen „Lehrbuch der Markscheidekunde". Es war über Jahrzehnte, durch mehrere stets dem aktuellen Kenntnisstand angepasste Neuauflagen, das in Deutschland verbreitetste Lehrbuch dieses Wissensgebietes.

Nach Schultes Tod 1944 übernahm Löhr auch die Verantwortung für das gesamte Kartenwesen. Seit 1854 war die WBK satzungsgemäß verpflichtet, die Versorgung des Steinkohlenbergbaus an Rhein und Ruhr mit dem benötigten Kartenwerk sicherzustellen. Löhr hat seit 1945 maßgeblich zur

Schaffung einer völlig neuartigen „Tektonischen Übersichtskarte des Rheinisch-Westfälischen Steinkohlenbezirkes" im Maßstab 1:10 000 beigetragen.

Löhr war zugleich für die Erweiterung der Markscheiderischen Sammlung des heutigen Deutschen Bergbau-Museum Bochum verantwortlich.

Der Deutsche Markscheider-Verein DMV ist maßgeblich durch das jahrzehntelange ehrenamtliche Engagement von Wilhelm Löhr geprägt worden. Mehrmals übernahm er den Ersten Vorsitz. Der DMV verdankt

ihm als wiederholtem Schriftleiter der *Mitteilungen aus dem Markscheidewesen*, dass er diese zu einer allseits anerkannten Zeitschrift von hohem wissenschaftlichem Niveau geführt hat.

Wilhelm Löhr starb im 80. Lebensjahr in Witten-Bommern. Die Trauergemeinde nahm Abschied von dem Verstorbenen am 13. November 1964 in der Großen Trauerhalle des Hauptfriedhofes der Stadt Dortmund.

Werke (Auswahl)

1932 Markscheidekunde für Bergschulen und den praktischen Gebrauch, 242 S., J. Springer, Berlin (gemeinsam mit G. Schulte)
1942 Die geophysikalischen Einrichtungen des Bergbaus. Der deutsche Steinkohlenbergbau, **1**, 393-454, Essen
1954 Ein neues bergmännisch-geologisches Übersichtskartenwerk des Rheinisch-westfälischen Steinkohlenbezirkes. Bergbau-Rundschau, **6/8**, 397

Auszeichnungen / Ehrungen

Ehrenmitglied des Deutschen Markscheider-Vereins e. V.
Doktor-Ingenieur ehrenhalber, RWTH Aachen 1951

Quellen

Spickernagel, H.; Vosen, H. (1964): Wilhelm Löhr zum Gedächtnis. Mitteilungen aus dem Markscheidewesen, Heft 5
Moitra, St. (2014): Das Wissensrevier, Bd. 1, Bochum
Persönliche Mitteilungen: Stefan Moitra, Bochum
Danksagung: Wolfgang Friederich, Stefan Moitra, Bochum

Karl Mack (1857-1934)

* 29. August 1857 in Ludwigsburg
† 27. Januar 1934 in Stuttgart-Degerloch

Gymnasium in Ludwigsburg
Studium der Mathematik und
Naturwissenschaften in Stuttgart,
Tübingen, Berlin und Straßburg
1883 Promotion in Tübingen zum
pyroklastischen Verhalten von Boracit
1884-1887 Ulm
Amtsverweser in Ulm und Schuldienst
1887-1925 Stuttgart-Hohenheim
Professor für Physik, Meteorologie und
Klimatologie an der Landwirtschaft-
lichen Akademie (später Hochschule)
1925 Emeritierung und Ruhestand

Leben und Wirken

Karl Friedrich Mack wurde am 29. August 1857 in Ludwigsburg geboren. Er war verheiratet mit Anna Weisser und hatte mit ihr eine Tochter und zwei Söhne.

Nach dem Besuch des Gymnasiums in seiner Heimatstadt und dem Studium von Mathematik und Naturwissenschaften ging er zunächst als Amtsverweser nach Ulm und wurde Lehrer im Schuldienst. Auf Grund seiner außerordentlichen pädagogischen und wissenschaftlichen Begabung berief ihn 1887 die Landwirtschaftliche Akademie (seit 1904 Hochschule) Hohenheim zum ordentlichen Professor für Physik, Meteorologie und Klimatologie. Er hatte damit die Nachfolge von Wilhelm Conrad Röntgen angetreten.

Karl Mack zeichnete sich nicht nur als vorzüglicher Hochschullehrer aus, sondern war auch ein glänzender Organisator. Er richtete bereits 1886 beim Verein für Vaterländische Naturkunde in Württemberg eine Erdbebenkommission ein. Sie verschickte verschiedene Fragebogen zur systematischen Erfassung von makroseismischen Kenngrößen, wie Zeitpunkt, Stärke, Richtung und Schadenswirkung der Erdbeben.

1889 wurde Karl Mack die Leitung der Erdbebenstation Hohenheim übertragen, und 1893 kam zu seinen Aufgaben die Betreuung der Hohenheimer Klimastation hinzu, einer Wetterstation 1. Ordnung. Von 1891 bis 1896 war er gleichzeitig Vorstand der Meteorologischen Abteilung des Württembergischen Statistischen Landesamtes in Stuttgart.

Die Erdbebenstation blieb anfangs nur mit nichtregistrierenden Seismoskopen ohne Aufzeichnung der Bodenbewegung ausgerüstet. Karl Mack gelang im Laufe der Jahre die ständige Verbesserung der ihm anvertrauten Stationstechnik. Gemeinsam mit August Schmidt konstruierte er auch selbst Seismometer. Seit 1905 waren in Hohenheim zudem mehrere Horizontalpendel vom Typ Omori-Bosch mit kontinuierlicher Registrierung auf Rußpapier im Einsatz. Bereits im Jahre 1913 funktionierte in Hohenheim die Zeitsynchronisation der Seismographen per Funk durch Empfang der Radiozeitzeichen vom Eiffelturm und von Radio Norddeich.

Seismograph vom Typ Omori-Bosch in Hohenheim 1908. Japanischer Konstrukteur Fusakichi Omori, Fertigung bei Fa. Bosch in Straßburg

Die Lösung des Problems der damals schwierigen Aufzeichnung der häufigen kurzperiodischen Nahbeben gelang ab 1913 mit einem Mainka-Pendel von 200-facher Vergrößerung der Bodenbewegung. Karl Mack hatte das Gerät wegen verwaltungstechnischer Verzögerung des Kaufes kurzerhand auf eigene Kosten angeschafft. Es befindet sich heute im Deutschen Museum München.

Karl Mack wurde zum profunden Kenner des Erdbebengeschehens im Südwesten Deutschlands. Besonders das Große Süddeutsche Beben vom 16. November 1911 bei Albstadt (in Hohenheim und in der Hilfsstation

Biberach sprangen Schreibnadeln aus Pendeln) und seine zahlreichen Nachbeben hatten ihm reichlich Material geliefert. Auch angeblich beobachteten Lichterscheinungen während dieses Ereignisses ist er kritisch nachgegangen.

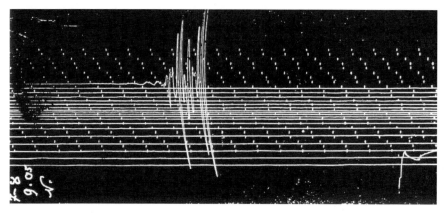

Hohenheimer Seismogramm des Kalabrien-Erdbebens vom 8. September 1905. 579 Todesopfer. Bodenbewegung in Hohenheim 1 cm

Das wissenschaftliche Werk von Karl Mack umfasst weiterhin Beiträge zum Aufbau des Erdkörpers. Er war besonders durch das Tonga-Beben vom 26. Juni 1917 angeregt worden, jene großen Weltbeben zu untersuchen, deren Oberflächenwellen die Erde mehrfach als Wiederkehrwellen umlaufen.

Einige Bemerkungen
über Weltbeben und die sogenannten Wiederkehrwellen.

Von **K. Mack** in Hohenheim. — (Mit einer Abbildung.)

Für die Gesamtheit der erdumkreisenden Oberflächenwellen, d. h. die W_1-, W_2-, W_3- usw. Wellen, wird die zusammenfassende Bezeichnung „circumterrane" oder „circumtellurische" Wellen vorgeschlagen. Diese Wellen bieten die Möglichkeit, Durchschnittswerte der Fortpflanzungsgeschwindigkeit längs kontinentaler und ozeanischer Wege für die ganze Erde abzuleiten.

Zeitschrift für Geophysik, Band 2 (1926), Seite 266

Auf dem Gebiet der Meteorologie ist Karl Mack zeitlebens aktiv geblieben. Durch langjährige Beobachtungen an der Wetterstation Hohenheim behandelten seine Arbeiten nicht nur das dortige Klima, sondern auch

Forschungen zur Bildung von Wolken und deren Wirbelphänomenen. Aufsehen erregten bemerkenswerte Beiträge zur Hagelbekämpfung durch sogenanntes „Wetterschießen".

1922 in Leipzig war Karl Mack der an Jahren Älteste unter den Gründern der DGG. 1924 wählten ihn die Mitglieder als Beisitzer in den Vorstand der Gesellschaft.

Karl Mack starb am 27. Januar 1934 in Stuttgart-Degerloch, wo er seit seiner Emeritierung 1925 im Ruhestand lebte. Wilhelm Hiller schrieb über seinen verehrten Lehrer: „Mit Karl Mack haben wir nicht nur einen ausgezeichneten Gelehrten und Forscher, sondern auch einen lieben, aufrichtigen und immer wohlwollenden Menschen verloren."

Werke (Auswahl)

1889   Die klimatischen Verhältnisse von Hohenheim, dargestellt auf Grund elfjähriger Beobachtungen von 1878-1888. Stuttgart
1907   Die neue Erdbebenwarte in Hohenheim. Deutsches Meteorologisches Jahrbuch, Stuttgart
1920   Der Sturm auf den Feldern 11.-14.1.1920. Das Wetter, **37**, 5/6, 89
1926   Einige Bemerkungen über Weltbeben und die sogenannten Wiederkehrwellen. Z. Geophys., **2**, 266-269

Auszeichnungen / Ehrungen (Auswahl)

Deutsche Akademie der Naturforscher Leopoldina 1907
Ehrenmitglied des Vereins für Vaterländische Naturkunde in Württemberg 1929

Quellen

Hiller, W. (1934): Karl Mack †. Z. Geophys., **10**, 1-2
Wielandt, E. (1994). Zur Geschichte der instrumentellen Erdbebenbeobachtung und Erdbebenforschung in Baden-Württemberg. Jahreshefte der Gesellschaft für Naturkunde Württemberg, **149**, 75-98
Wielandt, E.; Schick, R. (1997): Hundert Jahre Erdbebenforschung in Stuttgart. In: Neunhöfer, H., u. a.: Zur Geschichte der Geophysik in Deutschland. Jubiläumsschrift 75 Jahre DGG, 134-140, Hamburg
Fellmuth, U.: Württembergische Biografie, **1**, 163-164. www.leo-bw.de
Persönliche Mitteilungen und Danksagung: Erhard Wielandt, Stuttgart

Ludger Mintrop (1880-1956)

* 18. Oktober 1880 in Essen-Heidhausen
† 01. Januar 1956 in Heidelberg

1899   Abschluss Realgymnasium Essen
1900   Bergmann und Markscheidelehre
1902-1905 Studium Markscheider TH Aachen
        Hospitant an Bergakademie Berlin
1905-1907 Aachen Assistent und Vertretung
        Professur Haussmann
        1905 Staatl. anerkannter Markscheider
1907   Göttingen Mitarbeiter bei Wiechert
1908-1921 Bochum Bergschule WBK
        1911 Promotion Bodenschwingungen
        1914-1918 Militär-Schallmeßtechniker
        bei Artillerieprüfungskommission
1921-1933 Hannover SEISMOS GmbH
1928-1945 Breslau/Schlesien Ordinarius für
        Markscheidekunde und Geophysik
1946   TH Aachen
1956   Begräbnis in Essen

Leben und Wirken

Ludger Benedictus Mintrop wurde am 18. Juli 1880 auf dem elterlichen Bauernhof Barkhoven in Essen-Heidhausen als fünfter Sohn von Wilhelm Mintrop und dessen Ehefrau Elisabeth geb. Lieverscheidt geboren. Mit ihm wuchsen 15 Geschwister auf. Im Jahre 1910 heiratete er Elisabeth Sartorius, die ihm fünf Kinder schenkte. Zwei Söhne fielen im 2. Weltkrieg.

Mintrop besuchte die örtliche Volksschule und das Realgymnasium Essen, das er 1899 mit der Primareife abschloss. Er wählte den Beruf des Bergmanns und verdiente sich im Ruhrbergbau seinen ersten eigenen Lohn. Gleichzeitig begann er eine Lehre zum Markscheider. Um zu studieren, holte er sein Abitur in Aachen nach und schrieb sich 1902 in die Matrikel der dortigen Technischen Hochschule zum Studium der Markscheidekunde ein. Daneben besuchte Mintrop als Hospitant Vorlesungen und Übungen an der Kgl.-Preuß. Bergakademie zu Berlin. 1905 blieb er als Assistent bei seinem akademischen Lehrer, dem Professor für Markscheidekunde Karl Haussmann, der sich anschickte, in Aachen ein Institut für Geophysik zu gründen. Der junge Mintrop bekam bald fast alle Vorlesungen von Haussmann übertragen und betreute zudem die Aachener Erdbebenstation mit allen damit verbundenen aufwändigen Dienstpflichten.

Seine zahlreichen Aufgaben hinderten aber Mintrop nicht, im Mai 1905 beim Oberbergamt Bochum die Befähigung zum selbständigen Ausführen von Markscheidearbeiten zu erwerben. Er durfte jetzt die Berufsbezeichnung Markscheider tragen. Trotz seiner glänzenden Berufschancen in Aachen schickte ihn Karl Haussmann 1907 nach Göttingen, um bei Emil Wiechert zu promovieren. Ungeachtet des Altersunterschiedes zwischen Wiechert und Mintrop entspann sich bald eine sehr fruchtbringende partnerschaftliche Zusammenarbeit.

Mintrop begann 1908 auf dem Hainberg in Göttingen mit bahnbrechenden Versuchen zur Erzeugung künstlicher Erdbeben mittels einer 4-Tonnen-Fallgewichtskugel. Wiechert seinerseits war sehr an den leichten transportablen Seismographen interessiert, die Mintrop in Bochum für den Steinkohlenbergbau entwickelte.

Inzwischen hatte Mintrop auch eine Anstellung als Lehrer und Abteilungsleiter an der Bergschule Bochum übernommen, verbunden mit der Leitung der dortigen Erdbebenstation. In Göttingen promovierte er 1911 über Bodenschwingungen einer Dampfmaschine.

Von Bochum aus führte Mintrop umfangreiche Fragebogenaktionen zu Lotabweichungen auf den Zechen des Ruhrgebietes durch. 1912 erschien bei Julius Springer in Berlin sein wegweisendes Lehrbuch *Einführung in die Markscheidekunde*.

Nach Ausbruch des 1. Weltkrieges 1914 gelang Mintrop während des Kriegsdienstes bei der Artillerie die Fortsetzung seiner wissenschaftlichen Arbeiten. Gemeinsam mit der Werkstatt Otto Toepfer in Potsdam kam 1917 ein Feldseismograph bis zur Patentreife. Nach Kriegsende reichte er 1919 das später legendär gewordene Patent *Verfahren zur Ermittlung des Aufbaus von Gebirgsschichten* ein, das heute als Geburtsakt der Refraktionsseismik und Entdeckung der Mintrop-Welle gilt.

Mintrop hatte die wirt-
schaftliche Bedeutung seines Verfahrens erkannt.
Er übernahm seit 1920
zunehmend Feldaufträge
mit einem anfangs aus
nur drei Personen beste-
henden Messtrupp. Erfol-
ge bei der Ortung von
Salzstrukturen in Nord-
deutschland   ermutigten
ihn zur Gründung der von fünf deutschen Montankonzernen getragenen
Seismos GmbH am 4. April 1921 in Hannover. Der kometenhafte Auf-
stieg des Unternehmens führte die Seismik-Trupps schon 1923 nach Mexico und Texas, wo Ludger Mintrop sensationelle Erdölfunde an den
Flanken von Salzstöcken präsentieren konnte. Der weltweite Siegeszug
der Seismik hatte begonnen.

*Seismos-Trupp in Texas, der den ersten Salzdom (Orchard) entdeckte. Juli 1924.
Handschrift von Mintrop: Trupp Dr. O. Geußenhainer. Von l. n. r.: Röttgen,
Gregory, Geußenhainer, Thompson*

Mintrop legte die Oberleitung der Seismos im Jahre 1933 nieder, auch
weil ihm die Leitung einer Firma neben seiner Tätigkeit als Hochschullehrer untersagt worden war. Er hatte 1928 eine Berufung an die Universität

Breslau nach Schlesien erhalten und war dort zum Professor und Direktor des Instituts für Markscheidekunde und Geophysik ernannt worden.

Nach dem 2. Weltkrieg wirkte Mintrop seit 1946 als Ordentlicher Professor für Markscheidewesen, Bergschadenskunde sowie Geophysik an der TH Aachen. Gelegentliche Anerbieten amerikanischer Hochschulen während seiner insgesamt 19 Reisen in die USA hatte er stets abgelehnt. Seine Aktivitäten nach 1945 galten dann vor allem der „großen Seismik" zur Erkundung des Aufbaus der Erdkruste. Vielbeachtet wurden auf der IUGG-Tagung 1954 in Rom seine Empfehlungen zur Durchführung von Großsprengungen in den Alpen.

Ludger Mintrop starb nach kurzer schwerer Krankheit in einer Klinik in Heidelberg. Er fand die letzte Ruhe in seiner Heimatstadt Essen im Ruhrgebiet. Der Mintrop-Nachlass befindet sich durch Schenkung der Mintrop-Nachfahren zu wesentlichen Teilen im DGG-Archiv in Leipzig.

Werke (Auswahl)

1912 Einführung in die Markscheidekunde. J. Springer, Berlin
1953 Die Entwicklung der Sprengseismik. Z. Geophys., **19**, 101-122

Auszeichnungen / Ehrungen (Auswahl)

Ehrenmitglied von Society of Exploration Geophysicists 1930,
    Deutsche Geophysikalische Gesellschaft 1950, Deutscher Markscheiderverein
Deutsche Akademie der Naturforscher Leopoldina 1928
Englermedaille der Deutschen Gesellschaft für Mineralöl und Kohle 1953
Großes Verdienstkreuz der Bundesrepublik Deutschland 1955

Quellen

Lehmann, K. (1956): Ludger Mintrop, ein Lebensbild. Kartenberg, Herne
Schleusener, A. (1956): In Memoriam Prof. Dr. Dr. h. c. Ludger Mintrop.
    Z. Geophys., **22**, 58-61
Kertz, W. (1991): Ludger Mintrop, der die Angewandte Geophysik zum Erfolg
    führte. DGG-Mitteilungen, 3/1991, 2-15
Keppner, G. (2012): Ludger Mintrop. Der Mann, der in die Erde blickte. Die
    Eroberung des Untergrundes. Pro Business, Berlin
Persönliche Mitteilungen und Danksagung an die Schenker des Nachlasses: Frau
    Dr. Angelika Mintrop-Aengevelt, Düsseldorf, und Dr. Ludger Zangs, Krefeld

Peter Polis (1869-1929)

* 22. November 1869 in Aachen
† 02. November 1929 in Frankfurt/Main

1889-1891 Studium der Meteorologie
    in Freiburg im Breisgau und Bonn
1894-1929 Aachen
    Meteorologisches Observatorium
    1898 Promotion zum Thema
    Luftströmungen Universität Basel
    1899 Habilitation TH Aachen
    1900 Privatdozent TH Aachen
    1900 Direktor des Meteorologischen
    Observatoriums
    1906 Leiter des Wetterdienstes Aachen
    Direktor des Instituts für Meteorologie
    und Aerologie
    1922 Außerordentlicher Professor
1929 Frankfurt am Main Tod auf Dienstreise
    Begräbnis in Aachen

Leben und Wirken

Peter Hermann Johann Polis wurde am 22. November 1869 in Aachen als einziger Sohn des dort ansässigen Tuchfabrikanten Jean Matthias Polis geboren. Mit seiner Ehefrau Frieda Zahn hatte er vier Töchter. Peter Polis folgte seinem Vater nicht gemäß der Familientradition als Unternehmer in die Textilbranche, des damals wichtigsten Industriezweiges im Raum Aachen. Schon während seiner Schulzeit im Realgymnasium begann er mit Wetteraufzeichnungen und wagte sich an Wetterprognosen, die regelmäßig in einer Aachener Lokalzeitung veröffentlicht wurden.

1889 entschied er sich für ein Studium der Meteorologie in Freiburg i. Br. und Bonn, kehrte aber nach drei Jahren in den elterlichen Betrieb zurück. Im Aachener Unternehmen des Vaters arbeitend, begann er gleichzeitig mit dem Aufbau einer privaten Wetterstation im Haus Alfonsstraße 29.

Bereits 1894 fand diese Station Aufnahme in das Beobachtungsnetz des Preußischen Meteorologischen Instituts Berlin.

*Private
Wetterstation
in Aachen
(um 1894).
Peter Polis
sitzend rechts*

Mit seiner Begeisterung für sein Hobby und der wachsenden Anerkennung in der Öffentlichkeit gewann der Sohn auch bald das Vertrauen und
die Unterstützung seines Vaters. Dieser akzeptierte nicht nur die Hinwen-
dung seines einzigen Sohnes zur Wissenschaft, sondern sorgte auch dank
seines Vermögens für den Bau eines Meteorologischen Observatoriums in
Aachen.

Die feierliche Einweihung fand im Jahre 1900 statt. Peter Polis wurde
Direktor des Observatoriums. Er verstand es, meteorologische Beobachtungen und Forschungen auf praktische Fragestellungen anzuwenden, in
Landwirtschaft, beim Weinbau und im Bauwesen, bei Rechtsstreitigkei-
ten. Die Kuranstalten zogen Nutzen aus seinen heilklimatischen Studien
zur Wasser- und Luftqualität und zu Temperaturinversionen über dem
Aachener Talkessel.

Eine wichtige Rolle spielte für Peter Polis die beginnende Luftfahrt. An
der TH Aachen hatte sich ein Bereich Flugzeugbau etabliert, für den Polis
seit 1908 Daten von Höhenwindmessungen mit aufsteigenden Pilotballons
lieferte. Man kann ihn somit auch als einen Pionier der Aerologie bezeichnen, was schließlich auch zur Gründung eines Institutes für Meteorologie und Aerologie in Aachen mit Peter Polis als Direktor führte.

Es spricht für Pioniergeist und Organisationstalent, dass er einen „Wetterdienst für Luftfahrer" ins Leben rief. Geradezu visionär erscheinen uns heute seine Berechnungen für verschiedene Gebiete Deutschlands auf Eignung zur Aufstellung von Windmotoren und Windturbinen.

Das Meteorologische Observatorium im Aachener Stadtgarten um 1900. Das Gebäude wurde 1944 durch Kriegseinwirkung total zerstört

Während Schiffsreisen in die USA seit 1906 entwickelte Peter Polis gemeinsam mit der Marconi-Gesellschaft Ideen zum drahtlosen telegrafischen Austausch von Wetterbeobachtungen der Post- und Handelsschiffe auf den Transatlantik-Routen. Er kooperierte mit US-Regierungsstellen, was schließlich zum Einsatz von Wetterschiffen und Wetternachrichtendiensten auf dem Atlantik führte. Mit seinen Ideen und Initiativen war er der Deutschen Seewarte in Hamburg ein gutes Stück voraus.

Wegen dieser Aktivitäten bekam Polis auch reichlich „Gegenwind" von der für Preußen zuständigen Wetterinstitution *Königlich Preußisches Meteorologisches Institut* in Berlin zu spüren. Dessen Direktor Gustav Hellmann ließ 1901 verlauten, dass aufgrund der Randlage von Aachen kein Interesse an einer Beobachtungsstation höher als zweiter Ordnung bestehe und „Herr Polis hat vielmehr das Meteorologische Observatorium in Aachen durchaus aus eigenstem Antrieb ins Leben gerufen … auch nicht zum wenigsten, um sich selbst eine Stellung zu schaffen."

Bereits im Jahre 1901 war er Gast von Georg Gerland auf der *Internationalen Konferenz für Seismologie* in Straßburg, wo die zwei Jahre später erfolgte Gründung der *Internationalen Seismologischen Gesellschaft* beschlossen wurde. Zum Gelingen der Zusammenkunft der Seismologen

1922 in Leipzig trug der aus der aktivsten Bebenregion Deutschlands kommende Meteorologe Peter Polis maßgeblich bei.

Auf einer Dienstreise nach Weimar zur Konferenz der Direktoren der Meteorologischen Institute Deutschlands starb Peter Polis kurz vor seinem 60. Geburtstag am 2. November 1929 in Frankfurt/Main infolge eines Schlaganfalls.

„Wir alle werden ihn als den typischen Rheinländer mit seiner Beweglichkeit … und feinen Lebenskultur in bester Erinnerung behalten." (Franz Linke)

Grabstätte von Peter Polis
Aachener Ostfriedhof

Werke (Auswahl)

1899 Die Niederschlagsverhältnisse der mittleren Rheinprovinz und der Nachbargebiete. Stuttgart
1900 Witterungskunde. Anleitung zur Beurteilung und Voraussage der Witterung. Bonn
1928 Klima und Niederschlagsverhältnisse im Rheingebiet. In: Der Rhein, sein Lebensraum, sein Schicksal, 145-244. Berlin

Auszeichnungen / Ehrungen

Verleihung des Roten Adlerordens 1910

Quellen

Linke, F. (1930): Peter Polis †. Meteorolog. Z., **47**/1, 16-17
Ketzler, G.; Eßer, K.; Paffen, M. (2010): Chronik der klimatologischen Messungen in Aachen. Aachener Geographische Arbeiten. **47**, 24-30
Eßer, K. (2015/16): Zum Beginn professioneller Meteorologie in Aachen: Peter Polis (1869-1929) und seine Vorläufer.
  Z. d. Aachener Geschichtsvereins, **117**, 176-187
Danksagung: Christoph Clauser, Katja Eßer, Stephan Monissen, alle Aachen

Richard Schütt (1864-1943)

* 18. Oktober 1864 Saint Thomas/Karibik
† 16. Mai 1943 in Hamburg

Kaufmann und Privatgelehrter in Hamburg

1898 Stifter der Erdbebenwarte Hamburg-
      Hohenfelde
1903-1914 Mitglied des Kuratoriums der
      Kaiserlichen Hauptstation Straßburg
1905 Schenker der Erdbebenstation
      Hamburg/Jungiusstraße an die Stadt
      Hamburg
1905 Verleihung des Professorentitels
1922-1938 Mitglied des DGG-Vorstandes
      Schatzmeister / Kassenwart
1943 Beerdigung in Hamburg-Ohlsdorf

Leben und Wirken

Richard Schütt übte zeitlebens den Beruf eines in Hamburg ansässigen Kaufmannes aus. Er war der einzige DGG-Gründer, der nicht dem Stande der Wissenschaftler angehörte. Man könnte ihn allenfalls als Privatgelehrten bezeichnen. Seine außergewöhnliche Biografie ohne akademische Laufbahn weicht von der aller anderen Gründungsmitglieder ab.

Richard Schütt eröffnete im Juli 1898 auf seinem eigenen Grundstück in Hamburg-Hohenfelde, Papenhuder Str. 8 eine private Erdbebenstation. Er hatte sie mit einem Horizontalpendel vom Typ Rebeur-Ehlert aus seiner Privatsammlung bestückt. Die Station fand Anerkennung bei vielen namhaften Seismologen. Emil Wiechert ließ es sich nicht nehmen, die Station 1901 persönlich zu besuchen.

Seit Oktober 1900 veröffentlichte Schütt die bearbeiteten Seismogramme in den *Mitteilungen der Horizontalpendel-Station Hamburg*. 1903 erhielt die Station den Status einer von acht kaiserlichen Hauptstationen. Daraufhin musste sie unter staatliche Obhut gestellt werden.

Schütt ließ deshalb eine neue Station auf dem Grundstück des Physikalischen Staatslaboratoriums in der Jungiusstraße für ungefähr 60 000 Reichsmark bauen.

Station für Erdbebenforschung, Jungiusstraße, Hamburg (um 1905)

1905 übergab er die voll betriebsfähige Anlage (Horizontalpendel nach Rebeur-Ehlert und Hecker, Wiechert-Seismograf, zwei astronomische Uhren nach Riefler) als freies Staatseigentum an die Stadt Hamburg und übernahm zudem die Personal- und Betriebskosten. Er erklärte sich ferner bereit, die Erdbebenwarte zu leiten, ohne dafür Gehalt zu beziehen. Die einzige „Gegenleistung", die Schütt dafür erhielt, war seine Berufung in das Kuratorium der Kaiserlichen Hauptstation zu Straßburg. Seit 1919 gehörte die Station nach Gründung der Universität Hamburg dann zu den Einrichtungen der Geophysik an der Universität. Dort wurden bis in die 1980er-Jahre Erdbeben registriert.

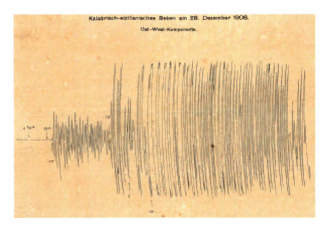

Hamburger Aufzeichnung eines Erdbebens im Iran, 23. Januar 1909, Magnitude 7,3. Wiechert-Seismograf, Vergrößerung V=200, Registrierung auf Rußpapier

Richard Schütt hat sich außerordentliche Verdienste um die DGG erworben. Die Gründungsversammlung im Jahre 1922 konnte keinen geeigneteren Schatzmeister wählen als den Hamburger Geschäftsmann Schütt; ein Glücksfall für die Gesellschaft. Besonders in den Anfangsjahren unter den Wirren der Inflation in Deutschland bedurfte es viel Cleverness und Fingerspitzengefühl im Umgang mit dem ihm anvertrauten Gelde. So betrugen die Einnahmen im ersten Geschäftsjahr 1922/23 sage und schreibe 1 Million 972 715,- Mark – ohne eigentlichen Wert. Als Mitgliedsbeitrag für das Folgejahr, also in der Inflationszeit, schlug Schütt „den 15-fachen Betrag einer Fernbriefmarke" vor.

Schütt verwaltete das schwierige Amt des Schatzmeisters und späteren Kassenwartes bis 1938, seinem 74. Lebensjahr, „mit einer außergewöhnlichen Peinlichkeit und Beharrlichkeit" (Ernst Tams). Damit war er 16 Jahre lang Mitglied des jeweiligen 5-köpfigen Vorstandes und hat in dieser Zeit sieben verschiedene Vorsitzende mit Rat und Tat begleitet.

Internationale seismologische Conference, Strassburg 1901 (Ausschnitt)

Emil Wiechert hatte Richard Schütt bereits auf der Ersten ordentlichen Geschäftsversammlung der Deutschen Seismologischen Gesellschaft im Oktober 1923 in Jena bei seiner Schlussansprache gewürdigt: „Ich möchte besten Dank sagen auch der mühevollen Arbeit unseres verehrten Herrn Schatzmeisters, Prof. Dr. Schütt. Schon früher, seit langer Zeit, dankt die deutsche Seismik seinem Opfersinn und seinem Eifer sehr viel. Jetzt hat er sich nicht gescheut, das in der heutigen Zeit wahrlich wenig erfreuliche Amt eines Schatzmeisters der Gesellschaft zu übernehmen."

Richard Schütt musste im Sommer 1942 noch erleben, dass sein Haus in Hamburg durch einen englischen Fliegerangriff völlig ausbrannte. Er starb 1943 im 79. Lebensjahr und wurde auf dem Friedhof Hamburg-Ohlsdorf bestattet.

Quellen

Tams, E. (1943/44): Prof. Dr. Richard Schütt zum Gedächtnis.
   Z. Geophys., **18**, 85-86
Makris, J., Hirschleber, H. B. (1997): Geschichte des geophysikalischen Instituts zu Hamburg. In: Neunhöfer, H., u. a.: Zur Geschichte der Geophysik in Deutschland. Jubiläumsschrift 75 Jahre DGG, 78-81, Hamburg 1997
www.geo.uni-hamburg.de/geophysik/

Wilhelm Schweydar (1877-1959)

* 09. Dezember 1877 in Namiest bei Brünn
† 11. Juli 1959 in Locarno/Schweiz

1889-1898 Katholisch-humanistisches
    Gymnasium in Glogau/Preußisch-
    Schlesien
1898-1903 Studium der Astronomie,
    Mathematik und Physik in Leipzig,
    Breslau und Heidelberg
    1904 Promotion in Heidelberg zum
    Thema Oszillationen der Lotlinie
1903-1926 Potsdam
    Astrophysikalisches Observatorium
    1905 Preußisches Geodätisches Institut
    1911 Observator
    1914 Habilitation / Titel Professor
    1920 Honorarprofessor Uni Berlin
    1923 Leiter der Abteilung Geophysik
1926   Ruhestand aus Gesundheitsgründen
    Berater von Explorationsfirmen
1929   Wohnsitz in Brione bei Locarno
1939   Schweizer Staatsbürgerschaft

Leben und Wirken

Wilhelm Karl Schweydar wurde am 9. Dezember 1877 in Namiest nahe dem mährischen Brünn in Österreich-Ungarn geboren. Die Familie zog bald nach Glogau in Preußisch-Schlesien, wodurch dem Knaben Wilhelm die preußische Staatsbürgerschaft zufiel. Am Katholisch-humanistischen Gymnasium in Glogau absolvierte er von 1889 bis 1898 seine Schulzeit.

Den jungen Schweydar zog es zum Studium der Astronomie nach Leipzig und später nach Breslau und Heidelberg, wo die Fächer Mathematik und Physik hinzukamen. 1904 promovierte er in Heidelberg über die dortigen Schwankungen der Lotlinie. Noch im Jahr 1903 hatte Schweydar eine Anstellung als Assistent am Astrophysikalischen Observatorium Potsdam gefunden. Bereits ein Jahr später wechselte er von der Astronomie in die

Geodäsie. Das ebenfalls auf dem Potsdamer Telegrafenberg angesiedelte Preußische Geodätische Institut sollte seine berufliche Heimat bleiben.

Zunächst beschäftigt im Zeit- und Breitendienst und mit praktischen geodätischen Arbeiten betraut (geografische Längenbestimmung Brocken-Potsdam, Nivellements an Nord- und Ostsee zur Festlegung des Pegelnullpunktes) gewannen zunehmend Fragen der Physik des Erdkörpers sein Interesse. So übernahm er 1911 die schon von Oskar Hecker betriebene Messstation zur Bestimmung der Lotschwankungen auf der 189 m - Sohle im Schacht „Reiche Zeche" in Freiberg/Sachsen. Dort entwickelte er die Registriertechnik von spitzen- zu fadenaufgehängten Horizontalpendeln.

Seine Untersuchungen zur elastischen Deformation und zur Starrheit des Erdkörpers fanden Niederschlag in einer Habilitationsschrift zum Aufbau der Erde, die er 1914 an der Berliner Universität einreichte. Er erhielt den Titel Professor, und 1920 folgte die Ernennung zum Honorarprofessor.

Fig. 1. Kleine Drehwage mit Z-Balken, mit automatischer Drehung, photographischer Registrierung und hilfsvisueller Ablesung auf zerlegbarem Stativ für die Höhe 70 über Grundplatte.

(aus Schweydar, W. (1926): Eine neue Form der Drehwage. Z. Geophys., 2, 152)

Wilhelm Schweydar war bislang seine exzellente Beherrschung der mathematischen Grundlagen von Astronomie und Geophysik zu Gute gekommen. Bald zeigte sich auch seine außergewöhnliche ingenieurtechnische Begabung. Das führte ihn 1923 im Potsdamer Geodätischen Institut zum Leiter der Abteilung Geophysik, die sich damals hauptsächlich mit seismischen Arbeiten beschäftigte. Es machte ihn gleichzeitig zum unentbehrlichen Experten beim Bau geophysikalischer Geräte in Wirtschaftsunternehmen. Er erwarb nicht nur das Patent für einen Erschütterungsmesser. Der Name Schweydar ist untrennbar mit der technischen Weiterentwicklung der Drehwaage nach EÖTVÖS zu einem modernen Explorationsgerät verbunden. Gemeinsam mit der Firma Carl Bamberg Berlin und später mit den Askania-Werken Berlin-Friedenau schuf er eine Drehwaage vom Z-Balken-Typ, die bis in die 1950er-Jahre vor allem bei der Erkundung von Salzdomen und Antiklinalstrukturen weltweit verbreitet war. Sie dominierte eine Ära der Angewandten Geophysik im Bereich der Schweremessungen bis zum allmählichen Übergang zu den leistungsfähigeren Gravimetern.

Die Askania-Drehwaagen waren mit photomechanischer Registrierung ausgerüstet und führten durch automatischen Wechsel der Azimutpositionen zu erheblichen Fortschritten bei den Feldmessungen. Außerdem führte Schweydar 1924 ein wesentlich vereinfachtes Verfahren zur Geländekorrektur ein, was den Einsatzbereich der Drehwaagen in hügeligem Gelände und in der Nähe von Bauwerken deutlich erweiterte.

Über Isostasie.

Von W. Schweydar. — (Mit einer Abbildung.)

Der Verlauf der Schwerkraft im Küstengebiet wird auf Grund der Hypothese von Airy berechnet zum Vergleich der analogen Untersuchung von Helmert auf Grund der Prattschen Hypothese. Das Ergebnis weicht von dem Helmertschen namentlich über dem Küstenfuß stark ab. Die durchschnittliche Dicke der Kontinente wird zu etwa 200 km berechnet. Die Airy-Hypothese erklärt besser die Schwerkraft auf den kleinen ozeanischen Inseln. Die Erde ist noch nicht im hydrostatischen Gleichgewicht; das Streben nach dem letzteren bedingt horizontale Kräfte, welche die Grundlage zur Erklärung der Faltungen geben können. Die beobachteten geringen Störungen der Schwere in Gebirgen können durch Kompressionen und Dilatationen infolge von elastischen Deformationen erklärt werden.

Zeitschrift für Geophysik, Band 2 (1926), Seite 145

1926 entschied sich Wilhelm Schweydar aus gesundheitlichen Gründen zum Verlassen des Geodätischen Instituts und wurde in den Ruhestand verabschiedet. Sein Arbeitswille war dennoch ungebrochen und so wurde er zu einem geschätzten Berater von geophysikalischen Explorationsfirmen, wie Mintrops Seismos, die Berliner EXPLORATION und zunehmend auch für die Royal Dutch Shell Group. Zahlreiche Reisen führten ihn nach Mexico (Poza Rico), in die USA (Texas, Louisiana) und nach Ägypten (Hurgada). Daraus wird ersichtlich, dass Schweydar frei von den Dienstzwängen eines Staatsinstitutes nochmals eine sehr produktive Schaffensphase erlebte.

Wilhelm Schweydar wurde 1924 als Beisitzer in den Vorstand der DGG gewählt. Er war von 1924 bis 1943 Mitherausgeber der Zeitschrift für Geophysik und ist immer wieder durch zahlreiche eigene Beiträge hervorgetreten.

1929 zog Schweydar nach Brione bei Locarno im schweizerischen Tessin, wo er 1939 die Staatsbürgerschaft der Schweiz erwarb. Er starb 1959 im 82. Lebensjahr auf seinem Schweizer Wohnsitz.

A. van Weelden würdigte ihn in einem Nachruf als „a great pioneer in exploration geophysics, outstanding scientist and a good friend ... there was already to help ... Any one of us who have the good fortune to work with him will remember him as a good teacher, but above all as warm friend."

Werke (Auswahl)

1908   Ein Beitrag zur Bestimmung des Starrheitskoeffizienten der Erde. Gerlands Beiträge, **9**. Leipzig
1911   Über die Deformation des Erdkörpers. Petermanns Mitteilungen, Gotha
1921   Die photographisch registrierende EÖTVÖSsche Torsionswaage der Firma Carl Bamberg in Friedenau. Zeitschrift für Instrumentenkunde, Bd. 41
1926   Über Isostasie. Z. Geophys., **2**, 145-150

Auszeichnungen / Ehrungen (Auswahl)

Deutsche Akademie der Naturforscher Leopoldina 1921

Quellen

Jung, K. (1960): Wilhelm Schweydar †. Z. Geophys., **26**, 158-159
Van Weelden, A. (1960): IN MEMORIAM Prof. Dr. Wilhelm Schweydar. Geophysical Prospecting, **VIII**, 1-3
Kertz, W. (1999): Geschichte der Geophysik. Olms-Verlag, Hildesheim Zürich
Danksagung: Roland Bertelmann, Wigor Webers, beide Potsdam; Peter Kühn, Berlin

August Sieberg (1875-1945)

* 23. Dezember 1875 in Aachen
† 18. November 1945 in Jena

Realgymnasium in Aachen
1893-1896 Studium der Naturwissenschaften
     Aachen, Straßburg, Freiburg und Jena
1896-1904 Aachen 1. Assistent am
     Meteorologischen Observatorium
1904-1914 Straßburg/Elsaß Kaiserliche
     Hauptstation für Erdbebenforschung
1914-1918 Kriegsdienst an Armee- und
     Frontwetterwarten
1919-1945 Jena
     Helfer von Geheimrat Hecker
     1921 Promotion an Universität Jena
     1922 Habilitation Thema Erdbeben
     1923 Reichsanstalt Erdbebenforschung
     1924 Regierungsrat a. o. Professor
     1933 Leiter, 1936 Direktor

Leben und Wirken

August Heinrich Sieberg wurde am 23. Dezember 1875 in Aachen geboren. Später war er mit Ehefrau Johanna geb. Kohl vermählt. Aus der Ehe gingen vier Töchter hervor.

In seiner Heimatstadt verbrachte der junge Sieberg Kindheit und Jugend bis zum Verlassen des Realgymnasiums. Naturwissenschaftliches Interesse vor allem für Wettererscheinungen führte ihn zum Studium nach Straßburg, Freiburg/Br. und Jena. 1896 wurde er als 1. Assistent am Meteorologischen Observatorium in Aachen angestellt.

Als um die Jahrhundertwende Georg Gerland Vorstellungen über die Verteilung der Beobachtungsstationen eines deutschen Erdbebennetzes zu verwirklichen begann, sollte Aachen Sitz einer der Hauptstationen für die Rheinprovinz und Westfalen werden. August Sieberg verschrieb sich in dieser Zeit mit Begeisterung der aufstrebenden Seismologie und wechselte 1904 an die Kaiserliche Hauptstation nach Straßburg im Elsaß. Nebenamtlich war er dort beim Zentralbüro der Internationalen Seismologischen Assoziation angestellt. Für sein gründliches Herangehen an die wissenschaftlichen Aufgaben spricht, dass er bereits 1904 ein umfangreiches *Handbuch der Erdbebenkunde* veröffentlichte. August Siebergs Wirken in Straßburg endete 1914 durch die Einberufung zum Heeresdienst, den er in Armee- und Frontwetterwarten ableistete.

1919 holte ihn Geheimrat Oskar Hecker nach Jena, wo nach dem Verlust der Station in Straßburg eine Reichsanstalt für Erdbebenforschung neu aufgebaut werden sollte. Zunächst blieb August Sieberg der einzige und damit unentbehrliche Helfer auf Heckers erfolgreichem Wege. Für Sieberg wurde gleichzeitig die Universität Jena zu seiner akademischen Heimat. Er promovierte 1921 mit einer mündlichen Prüfung im Hauptfach Mineralogie; ohne Vorlage einer Dissertation auf Grund seiner umfangreichen wissenschaftlichen Publikationen. 1922 legte Sieberg eine Habilitationsschrift zur Verbreitung von Erdbeben vor, und 1924 verlieh ihm die Universität den Titel eines außerordentlichen Professors für Geophysik.

Makroseismische Skala nach Sieberg 1923 (S. 66) am Beispiel der Beschädigung von Häusern

August Sieberg entwickelte sich zum führenden deutschen Seismologen auf dem Gebiete der Makroseismik, Erdbebengeologie und -geografie. Mit Akribie, Fleiß, systematischem Sammeln von Beschreibungen historischer Erdbeben und von makroseismischen Beobachtungen schuf er sich eine umfangreiche Datenbasis für makroseismische Karten und für Erdbebenkataloge, wie 1940 für Deutschland und angrenzende Gebiete.

Sieberg nahm den grundsätzlichen Mangel wahr, dass zu seiner Zeit die Seismometer häufig nicht empfindlich genug waren, um mit ihren Daten Epizentren von Nahbeben lokalisieren zu können. Umso dringlicher arbeitete er an makroseismischen Kennzahlen, die sich zur quantitativen Bewertung von Erdbeben eigneten. Er bemühte sich sowohl um makroseismische Beobachtungsdienste als auch um eine makroseismische Skala zur Einschätzung der Schadenswirkungen. 1922 wählte ihn die DGG zum Obmann der Makroseismischen Kommission.

Bereits 1912 gelang ihm eine Weiterentwicklung der 12-teiligen Mercalli-Cancani-Skala, die seitdem auch seinen Namen trägt. 1927 veröffentlichte er eine 6-teilige Intensitätsskala für Tsunamis, die 1962 zur 12-teiligen Sieberg-Ambraseys-Tsunami-Intensitätsskala erweitert wurde.

August Sieberg war ein rastloser Hochschullehrer und Forscher mit außergewöhnlicher künstlerischer Begabung. Er hat die zahlreichen Illustrationen seiner Bücher und die von ihm erarbeiteten makroseismischen Karten mit eigener Hand gezeichnet.

Seismisch-tektonische Weltkarte (Ausschnitt) von Sieberg 1923 (Tafel nach S. 528)

Im Vorwort zu seinem 1927 bei Gustav Fischer in Jena erschienenen Handbuch *Geologische Einführung in die Geophysik* schreibt er: „Schwer zu überblickende Probleme und Arbeitsmethoden habe ich mich bemüht, auf zeichnerischem Wege dem Verständnis näher zu bringen. ... Was den Zeichnungen an künstlerischer Ausführung fehlt, hoffe ich durch die getreuliche Wiedergabe meiner Auffassung wiedergegeben zu haben."

Auf seinen Forschungsreisen, vor allem nach Südeuropa und Kleinasien, hat er häufig auch die Zerstörungen der durch Erdbeben heimgesuchten Städte und Landschaften in sehr realistisch wirkenden Zeichnungen und Gemälden festgehalten.

Wirkungen eines schweren Erdbebens. Aquarell 1934/35. Original im Observatorium Moxa

Von Personen, die August Sieberg kannten, wird über sein glückliches rheinisches Temperament berichtet, seinen fröhlichen Humor und nicht zuletzt über seine Geselligkeit und seine Kunst zu erzählen.

August Sieberg starb kurz vor seinem 70. Geburtstag in Jena, wo er seine letzte Ruhe fand.

Werke (Auswahl)

1904 Handbuch der Erdbebenkunde. Vieweg und Sohn, Braunschweig
1912 Über die makroseismische Bestimmung der Erdbebenstärke. Leipzig
1923 Geologische, physikalische und angewandte Erdbebenkunde. G. Fischer, Jena

Auszeichnungen / Ehrungen (Auswahl)

Goldener Ehrenring des Deutschen Museums München 1925
Deutsche Akademie der Naturforscher Leopoldina 1933
Ehrendoktor der National-Universität Athen 1937

Quellen

Krumbach, G. (1948): August Sieberg zum Gedächtnis. Veröffentlichungen Zentralinstitut für Erdbebenforschung, **51**, 5-9
Neunhöfer, H. (1996): August Sieberg – Begründer der modernen Makroseismik und Erdbebengeographie in Deutschland. DGG-Mitteilungen 1/1996, 19-22
Danksagung: Roswitha Heinrich, Thomas Jahr, Horst Neunhöfer, Rita Seifert, alle Jena

Ernst Tams (1882-1963)

Dr. E. Tams.

* 24. Januar 1882 in Hamburg
† 16. November 1963 in Hamburg-Blankenese

Schulbesuch in Hamburg
1900-1907 Studium von Mathematik, Physik
und Geophysik in Göttingen bei
Wiechert und in Straßburg bei Gerland
1907 Promotion in Straßburg
Studienreise nach Italien
1908-1963 Hamburg
Physikalisches Staatslaboratorium,
später Geophysikalisches Institut der
Universität
Leiter der Erdbebenstation
Assistent. Wissenschaftlicher Rat
1919 Habilitation
1932 Professor für Seismologie
1946 Ruhestand
1963 Beerdigung Hamburg-Ohlsdorf

Leben und Wirken

Ernst Tams wurde am 24. Januar 1882 in Hamburg geboren. Die Hanse-
stadt sollte auch seine spätere berufliche Wirkungsstätte werden und ein
Leben lang bleiben.

Nach dem Schulbesuch in Hamburg zog es ihn zum Studium von Mathematik, Physik und Geophysik nach Göttingen und Straßburg/Elsaß, den
beiden aufstrebenden Zentren der sich entwickelnden theoretischen, instrumentellen und administrativen Seismologie. Mit Emil Wiechert und
Georg Gerland fand er für seine Interessen die besten akademischen
Lehrmeister. Die Studienzeit schloss er 1907 bei Georg Gerland mit einer
preisgekrönten Dissertation ab.

In Straßburg kam Tams im dortigen Büro der Internationalen Seismologischen Assoziation in Berührung mit Fragen der Erdbebengeografie, die
seine späteren wissenschaftlichen Arbeiten stark beeinflussen sollten.

Das zerstörende Beben in Kopal (Russisch-Turkestan) vom 3. Januar 1911.
Handschriftliche Auswertung von Ernst Tams (Ausschnitt)

1908 kehrte Tams nach Hamburg zurück und wurde Assistent am Physikalischen Staatslaboratorium. Seine Hauptaufgabe bestand in der Betreuung und Leitung der von Richard Schütt eingerichteten Erdbebenstation in der Jungiusstraße. Bis zu seinem Eintritt in den Ruhestand im Jahre 1946 hat er dieses Amt als Berufung aufgefasst und in vorbildlicher Weise ausgefüllt.

Ernst Tams entfaltete neben seiner Tätigkeit als Observator in der Erdbenwarte eine außerordentlich kreative wissenschaftliche Schaffenskraft. Mit 25 Publikationen in der Zeitschrift für Geophysik, dem Organ der DGG, hat er dort besonders viele Beiträge veröffentlicht. Die Manuskripte wurden von ihm stets „mit vorbildlicher Genauigkeit und Pünktlichkeit" (W. Hiller) eingereicht. Als 1922 die „Makroseismische Kommission", gleichsam der erste Arbeitskreis der DGG, ins Leben gerufen wurde, gehörte Ernst Tams zu den engagierten Gründern.

Die Vielfalt der von ihm bearbeiteten Themen kann nur in Auszügen angedeutet werden. Aus den von ihm während mehrerer Jahrzehnte registrierten Seismogrammen hat er eine große Menge von Wissen geschöpft und für die Gemeinschaft der Wissenschaftler aufbereitet: Isostasie und Erdbeben – Oberflächenwellen auf Kontinenten und Ozeanen – Seismizität des Atlantik, des Nordmeeres und der Arktis – Periodizität der Erdbeben – regionale Verkoppelung von Erdbeben – seismische Bodenunruhe in Hamburg – Geschichte der deutschen Erdbebenforschung.

Zur Frage des Einflusses von Sonne und Mond sowie des Luftdrucks auf die Stoßfrequenz der vogtländischen Erdbebenschwärme.

Von E. Tams*).

In einer früheren Arbeit (Zeitschr. f angew. Geophys. 1, Heft 7, 1923) war unter anderem auf die Bedeutung einer ganzsonnentagigen Periode in der Stoßfrequenz der sieben vogtländischen Erdbebenschwärme der Jahre 1897 bis 1908 hingewiesen sowie gezeigt worden, daß bezüglich eines etwaigen Einflusses der körperlichen Sonne- und Mondgezeiten eine halbsonnentägige Periode wohl nicht als vorhanden angesehen werden

Zeitschrift für Geophysik, Band 1(1924/25), Seite 117

Die Frage der Periodizität der Erdbeben.

Von E. Tams.

Es wird die Frage der Realität der ganzsonnentägigen Periode, sowie des mondtägigen und des jährlichen Ganges in der Erdbebenhäufigkeit erörtert. Das Vorhandensein monatlicher Periodizitäten kann nicht angenommen werden. Allen über eine ganzjährige Periodendauer wesentlich hinausgreifenden Schlußfolgerungen ist besondere Zurückhaltung geboten.

Zeitschrift für Geophysik, Band 2 (1926), Seite 17

Das große sibirische Meteor vom 30. Juni 1908 und die bei seinem Niedergang hervorgerufenen Erd= und Luftwellen

Von E. Tams, Hamburg

Zu dem im Titel angegebenen Ereignis liegt nunmehr (1930) eine ausführlichere Untersuchung von F. J. W. Whipple[1]) vor, nachdem Verfasser dieser Zeilen[2]) bereits 1929 kurz zu den damit verbunden gewesenen makro- und mikroseismischen Erscheinungen Stellung nahm. Im Hinblick auf das Außergewöhnliche des ganzen Vorgangs, der erst so spät wissenschaftlich genauer verfolgt worden ist, mag ein Referat darüber hier nicht unangebracht erscheinen.

Zeitschrift für Geophysik, Band 7 (1931), Seite 34

Bei einem Luftangriff auf Hamburg im 2. Weltkrieg entging sein Heim nicht der Zerstörung, wodurch er alles verlor, auch seine Bibliothek.

Ernst Tams ist bis ins hohe Alter wissenschaftlich aktiv geblieben und hat die DGG in der Aufbruchphase nach 1945 in Hamburg wesentlich mitgestaltet. Von 1950 bis 1951 bekleidete er das Amt des Stellvertretenden Vorsitzenden. Die Gesellschaft würdigte das erfolgreiche Wirken von Ernst Tams im Jahre 1953 mit der DGG-Ehrenmitgliedschaft.

Ernst Tams starb im Alter von 82 Jahren in seinem Heim in Hamburg-Blankenese. Wilhelm Hiller hat am Grabe auf dem Friedhof Ohlsdorf unter anderem die Worte gefunden: „Mit ihm ist der letzte Vertreter der alten deutschen Seismologen-Generation von uns gegangen. Die mittlere und jüngere Generation hat Ernst Tams nicht nur als vielseitigen, ideenreichen und äußerst gewissenhaften Wissenschaftler, sondern auch als hilfsbereiten und stets liebenswürdigen Menschen verehrt."

Werke (Auswahl)

1924 Zur Frage des Einflusses von Sonne und Mond sowie des Luftdruckes auf die Stoßfrequenz der vogtländischen Erdbebenschwärme. Z Geophys., **1**, 117-118
1926 Die Frage der Periodizität der Erdbeben. Z. Geophys., **2**, 17-18
1931 Das große sibirische Meteor vom 30. Juni 1908 und die bei seinem Niedergang hervorgerufenen Erd- und Luftwellen. Z. Geophys., **7**, 34-37

Auszeichnungen / Ehrungen (Auswahl)

Ehrenmitglied Deutsche Geophysikalische Gesellschaft 1953
Geographische Gesellschaft Finnland
Ungarische Geographische Gesellschaft

Quellen

Hiller, W. (1964): In Memoriam ERNST TAMS. Z. Geophys., **30**, 49-50
Makris, J.; Hirschleber, H. B. (1997): Geschichte des geophysikalischen Instituts zu Hamburg. In: Neunhöfer, H., u. a.: Zur Geschichte der Geophysik in Deutschland. Jubiläumsschrift 75 Jahre DGG, 78-81, Hamburg
www.geo.uni-hamburg.de/geophysik/

Julius Wagner (1886-1970)

* 23. März 1886 in Heldra/Nordhessen
† 06. November 1970 in Frankfurt am Main

Volksschule, Lehrerseminar Homberg
1910-1920 Schuldienst an Volksschulen in
    Hersfeld und Frankfurt a. M.
1914 Reifeprüfung
Studium von Geografie, Physik,
    Chemie, Psychologie und Pädagogik in
    Frankfurt a. M. und Gießen
1918 Promotion in Frankfurt zum
    Thema Experimentelle Psychologie
1919 Staatsexamen Lehramt Höhere
    Schule Geografie, Physik, Chemie
1920-1970 Frankfurt a. M. Schuldienst
    Studienrat, 1945 Oberstudiendirektor
1947 Universität Frankfurt a. M.
1948-1964 Weilburg/Lahn
    Pädagogisches Institut Professur
1951-1964 Universität Frankfurt a. M.
    Honorarprofessur für
    Wirtschaftsgeografie
1970 Beerdigung in Frankfurt am Main

Leben und Wirken

Julius Wagner wurde am 21. März 1886 im hessischen Heldra als Sohn des Landwirtes Johannes Wagner geboren. Im Jahre 1924 heiratete er Irmgard Brinkmann.

Der junge Wagner besuchte nach der Volksschule das Lehrerseminar in Homberg/Hessen und war seit 1910 im Schuldienst an Volksschulen in Hersfeld und Frankfurt am Main tätig. Mit Leib und Seele wirkte er als Lehrer und erkannte frühzeitig, dass zur Vermittlung von Wissen im Fach Geografie solide naturwissenschaftliche Grundkenntnisse gehören.

So war es für ihn selbstverständlich, dass er neben seinem Studium der Geografie an der eben gegründeten Universität Frankfurt auch die Fächer

Physik und Chemie belegte; und natürlich auch Pädagogik und Psychologie nicht aussparte. Das Studium absolvierte Wagner weitgehend parallel zu seinen Anstellungen als Lehrer, so dass er das an der Universität erworbene Wissen unmittelbar im Kontakt zu seinen Schülern anwenden konnte. Diese Erfahrungen sollten bei seinen späteren Bemühungen um die Reformierung des Unterrichts im Fach Geografie eine wichtige Rolle spielen.

Julius Wagner hatte im Herbst 1914 das Reifezeugnis an der Oberrealschule Sachsenhausen erworben und wurde vom April 1915 bis März 1916 zum Kriegsdienst eingezogen. Im Jahre 1918 promovierte ihn die Universität Frankfurt mit einem Thema zur Experimentellen Psychologie zum Dr. phil., und 1919 folgten das Staatsexamen in den Fächern Geografie, Physik und Chemie sowie die Befähigung zum Lehramt für die Höhere Schule.

1920 setzte er seinen Schuldienst mit einer Anstellung als Studienrat an der Helmholtz-Oberrealschule Frankfurt am Main fort. An der Helmholtz-Schule wirkte er mit politisch bedingten Zwangsunterbrechungen fast 30 Jahre. Die Frankfurter Universität betraute ihn mehrmals im Nebenamt mit Lehraufträgen für Jugendkunde.

In der Nazizeit gehörte Julius Wagner zu den politisch Verfolgten, da er mit einer „Halbarierin" verheiratet war. Mehrere Lehraufträge und Mitgliedschaften in Prüfungskommissionen verwehrte man ihm nach 1933. 1945 wurde seinem Antrag auf Wiedergutmachung entsprochen und ihm der Titel Oberstudiendirektor verliehen.

Im Jahre 1948 folgte Julius Wagner – inzwischen über 60 Jahre alt – einem Ruf auf eine Professur an das Pädagogische Institut Weilburg an der Lahn, einer Lehranstalt mit dem Status einer Pädagogischen Hochschule. Ab 1951 hatte er gleichzeitig eine Honorarprofessur für Wirtschaftsgeografie an der Universität Frankfurt am Main inne.

Julius Wagner hat seine Vorstellungen von modernem Geografie-Unterricht nicht nur bei seinem eigenen Wirken an der Schule und an der Universität in die Tat umgesetzt. Er engagierte sich auch in vielfältiger Weise sehr erfolgreich für die Entwicklung und Popularisierung des Faches Geografie in der breiten Öffentlichkeit. 1949 gründete Wagner die Zeitschrift *Geographische Rundschau*, deren Herausgeber er vom Anfang bis ins Jahr 1960 blieb. Die Zeitschrift wird heute vom Westermann-Verlag herausgegeben und publiziert aktuelle Themen und Forschungsergebnisse der Geografie und ihrer Nachbargebiete. Sie informiert kompetent sowohl Lehrer an den Schulen als auch Studierende und Lehrende vor allem der Geografie an den Hochschulen.

Zeitschrift Geographische Rundschau 12/2018. Gründungsherausgeber Julius Wagner 1949

Ebenfalls im Jahre 1949 schaffte Julius Wagner die Neugründung des „Verbandes Deutscher Schulgeographen e. V." (VDSG), eines erstmals 1912 gegründeten Verbandes für geografische Bildung und Nachhaltigkeitserziehung in Deutschland. Auch diesen Verband leitete Julius Wagner bis ins Jahr 1960 als dessen Vorsitzender. Ein besonderes Anliegen sieht der VDSG in der qualitativ anspruchsvollen Aus- und Weiterbildung von Geografielehrern.

Logo des Verbandes Deutscher Schulgeographen e. V.

Julius Wagner Medaille

Zu heutiger Zeit, in der in den allgemeinbildenden Schulen die Vermittlung von Wissen auf den Gebieten von Geophysik und Geologie im Sinne von Julius Wagner mit vielerlei Hürden verbunden ist, bieten die Möglichkeiten des Geografie-Unterrichtes willkommene Gelegenheiten, um korrekte Sachverhalte dieser Erdwissenschaften sinnvoll in den Unterricht einzubinden.

Der VDSG vergibt seit 1977 die Julius-Wagner-Medaille für hervorragende Verdienste in wissenschaftlicher und pädagogischer Grundlegung und Förderung geografischen Unterrichts.

Julius Wagner ging 1964 in den Ruhestand und verstarb 1970 in Frankfurt am Main im Alter von 84 Jahren. Die zahlreichen Ehrungen aus dem In- und Ausland bezeugen die Wertschätzung, die seiner Arbeit und seinen Leistungen zu Teil wurden. Hinter Wagners Wirken „verbirgt sich ein Stück kulturelles Leben der Stadt Frankfurt" (Dekan Krupp in einem Schreiben für die Traueranzeige an den Rektor der Universität).

Auf dem Hauptfriedhof der Stadt Frankfurt am Main fand Julius Wagner seine letzte Ruhe.

Werke (Auswahl)

1923 Pädagogische Jugendkunde. Diesterweg, Frankfurt am Main
1928 Didaktik der Erdkunde. Diesterweg, Frankfurt am Main
1931 Zahl und graphische Darstellung im Erdkundeunterricht. J. Perthes. Gotha
1955 Der erdkundliche Unterricht. Schroedel, Hannover

Auszeichnungen / Ehrungen (Auswahl)

Verdienstkreuz des Verdienstordens der Bundesrepublik Deutschland 1953
Ehrenplakette der Stadt Frankfurt am Main 1956
Ehrenpräsident des Verbandes Deutscher Schulgeographen 1960
Korrespondierendes Mitglied Österreichische Geographische Gesellschaft 1961
Goethe-Plakette des Landes Hessen 1961

Quellen

Petnehazi, V.: Prof. Dr. Julius Wagner. In: http://use.uni-frankfurt.de/geographie
Hessische Biographie. www.lagis-hessen.de/pnd/142144673
Danksagung: Janine Aures, Marijana Grabovac, Jutte Hanke, alle Frankfurt a. M.; Eberhard Schallhorn, Bretten

Emil Wiechert (1861-1928)

* 26. Dezember 1861 in Tilsit/Ostpreußen
† 19. März 1928 in Göttingen

1881 Königsberg Realgymnasium
       Reifezeugnis
1881-1897 Albertus-Universität Königsberg
       Studium Physik
       Assistent bei Paul Volkmann
       1889 Promotion mit Arbeit über
       elastische Nachwirkungen
       1890 Habilitation Physik, Privatdozent
1897-1928 Universität Göttingen
       1898 Lehrstuhl/Institut für Geophysik
1928 Tod und Beerdigung in Göttingen

Leben und Wirken

Emil Johann Wiechert wurde am 26. Dezember 1861 im ostpreußischen Tilsit als Sohn des Kaufmannes Johann Wiechert und seiner Ehefrau Emilie geboren. Er heiratete im Jahre 1908 Helene Ziebarth, die Tochter eines Göttinger Juristen. Die Ehe blieb kinderlos.

Nach dem frühen Tod des Vaters übersiedelte die Mutter nach Königsberg. Dort besuchte der Sohn das Realgymnasium und schloss es 1881 mit dem Reifezeugnis ab. Den jungen Wiechert zog es nicht in die Welt, zumal er an der heimischen Albertus-Universität beste Bedingungen für ein Studium der Physik bei Paul Volkmann fand. Wiechert wurde bald dessen Assistent und promovierte 1889 mit einer Arbeit über elastische Nachwirkungen. Nahtlos schloss sich im nächsten Jahr die Habilitation an und so stand er als Privatdozent wirtschaftlich auf eigenen Füßen.

Wiecherts Interesse galt vor allem physikalischen Forschungen zum Aufbau der Materie. Experimente mit Kathodenstrahlen führten ihn 1897 zur Entdeckung und Massebestimmung des Elektrons, was ihn über Königsberg hinaus bekannt machte. Er fand eine Anstellung in Göttingen und wurde bereits 1898 mit einem Lehrstuhl für Geophysik betraut, verbunden mit dem Bau einer Institutsanlage auf dem nahegelegenen Hainberg. Wiechert bezog 1901 als Direktor das fertiggestellte Hauptgebäude. Es sollte für ihn die Wirkungsstätte bis zu seinem Tode 1928 bleiben.

Wiecherts Kernstück in Forschung und Lehre wurde die Seismologie mit einem in den Kalksteinfelsen eingebauten Erdbebenhaus als Datenbasis. Weitere Einrichtungen zur Beobachtung der Luftelektrizität und des Erdmagnetismus auf dem Institutsgelände sowie ein Geophysikalisches Observatorium auf Samoa in der Südsee bildeten für ihn die wichtigsten experimentellen Grundlagen. Die Erdbebenwarte auf Samoa war Beitrag zur Schaffung eines weltweiten Netzes von Erdbebenstationen. Wiechert hatte die Notwendigkeit der internationalen Kooperation bei der Erforschung der Erdbebenphänomene erkannt. Er gehörte 1903 in Straßburg zu den Gründern der Internationalen Seismologischen Assoziation.

Besondere Verdienste erwarb sich Wiechert seit etwa 1900 beim Bau seismischer Instrumente. Die von ihm konzipierten und meist in Göttinger Werkstätten gebauten Seismografen kamen weltweit zum Einsatz. Manche sind noch heute als Wissenschaftsdenkmale in Betrieb. Gestützt auf ein klares Bild von der Wirkungsweise dieser Geräte, waren ihm erstmals im Winter 1921/22 sogar zweimillionenfache Vergrößerungen der Bodenbewegungen und die Bestimmung ihrer wahren Amplituden möglich geworden; „Millionenseismometer", wie sie Wiechert gern nannte.

Wiechert-Seismograph Baujahr 1902.
1,1-Tonnen-Horizontalpendel, V=250,
Luftdämpfung, Rußregistrierung.
Credner-Weickmann-Erdbebenwarte Collm
bei Leipzig 2019

Durch seine Verfahren zur Entschlüsselung des Inhaltes der registrierten Seismogramme und die daraus vor allem von seinem Schüler Karl Zoeppritz abgeleiteten Laufzeitkurven wurden wesentlich neue Erkenntnisse über den Aufbau des Erdkörpers gewonnen. Die Dreiteilung der Erde in Kruste, Mantel und Kern fand Bestätigung. Seinem Schüler Beno Gutenberg gelang 1911 die Bestimmung der Erdkerntiefe mit 2900 km.

Die Existenz eines Erdkerns hatte Wiechert bereits 1896 in seiner Königsberger Zeit vermutet, damals allerdings noch nicht mit Hilfe seismischer Befunde.

Gedenkstein auf dem Hainberg in Göttingen, errichtet 2018.
Wiechert'sche
Erdbebenwarte e. V.

Angeregt durch die seit Beginn der zwanziger Jahre gemeinsam mit seinem Schüler Ludger Mintrop erreichten Erfolge bei der Aufzeichnung und Interpretation von künstlich erzeugten Erschütterungen beantragte Wiechert im Jahre 1922 die Etablierung einer Abteilung Angewandte Seismik mit etatmäßigem Extraordinariat in seinem Göttinger Institut. Auch wenn seinem Anliegen an der Universität nicht entsprochen wurde, so hat sich Wiechert dennoch seinen Kollegen Seismologen gegenüber immer wieder bemüht, die angewandte Seismik zu betonen: „Verwendet man natürliche Erdbeben, so hat man mit all den Schwierigkeiten zu kämpfen, welche durch die Unbestimmtheit des Herdes und der Herdzeit gegeben sind. Die künstlichen Erderschütterungen bei Explosionen bieten in mancher Hinsicht günstigere Verhältnisse, … es handelt sich hier um ein Problem, welches für die Physik der Erde von großer Wichtigkeit ist."

Emil Wiechert wurde am 19. März 1928 im 66. Lebensjahr von einer schweren Krankheit aus seinem Schaffen gerissen. Auf dem Stadtfriedhof Göttingen fand er die letzte Ruhe.

Gustav Angenheister, sein späterer Nachfolger im Amt, hat in einem Nachruf dessen Wesensart gewürdigt: „Wiechert war stets und ganz von seinen Arbeiten und Problemen beherrscht … Nur sehr wenige können sich seines Vertrauens, kaum einer seiner Freundschaft rühmen. Umso enger schloß er sich an die wenigen Menschen, die zu ihm gehörten, an seine Mutter und seine Gattin."

Die Gründung der Deutschen Seismologischen Gesellschaft 1922 mit ihm als erstem Vorsitzenden darf die deutsche Wissenschaft als besonderes Vermächtnis von Emil Wiechert bewahren.

Wiechert-Medaille der DGG für besondere wissenschaftliche Leistungen (Vorschlag und Entwurf 1955 von Ludger Mintrop)

Werke (Auswahl)

1903 Theorie der automatischen Seismographen. Phys. Z., **4**, 823
1910 Bestimmung des Weges der Erdbebenwellen. Phys. Z., **11**, 294
1924 Seismische Untersuchungen. Z. Geophys., **1**, 14-20

Auszeichnungen / Ehrungen (Auswahl)

Ordentliches Mitglied Göttinger Akademie der Wissenschaften 1903
Korrespondierendes Mitglied Russische Akademie der Wissenschaften 1912
Ehrenvorsitzender der DGG 1925
WIECHERT. Name für einen Krater auf der Rückseite des Mondes, Nähe Südpol
Sonderpostwertzeichen Deutsche Post zum 150. Geburtstag 2011

Quellen

Angenheister, G. (1928): Emil Wiechert † Z. Geophys., **4**, 113-117
Siebert, M. (1997): Geschichte des Instituts für Geophysik in Göttingen.
    In: Neunhöfer, H., u. a.: Zur Geschichte der Geophysik in Deutschland.
    Jubiläumsschrift 75 Jahre DGG, 107-114, Hamburg 1997
Danksagung: Wolfgang Beisert, Wolfgang Brunk, Göttingen

Conrad Zeissig (1865-1943)

* 12. September 1865 in Leipzig
† 02. Oktober 1943 in Seeheim-Jugenheim

1876-1885 Städt. Realgymnasium Leipzig
1885-1888 Freiberg/Sa. Mechanikerlehre
1888-1893 Studium „Mathematik und exacte
    Naturwissenschaften" in Göttingen
1893-1934 Darmstadt Technische Hochschule
    Assistent am Physikalischen Institut
    1896 Vertretung ordentliche Professur
    Physik
    1897 Promotion in Göttingen
    bei Woldemar Voigt zur
    Schwingungsphysik
    1897 außerplanmäßiger Professor
    1901 außerordentlicher Professor
    1920 Leiter Institut Technische Physik
1934 Emeritierung

Leben und Wirken

Friedrich Conrad Zeissig wurde am 12. September 1865 als Sohn des Architekten Ernst Zeissig in Leipzig geboren. Später heiratete er seine Frau Johanna geb. Voigt.

Er besuchte ab 1876 in seiner Heimatstadt das Städtische Realgymnasium, das er 1885 mit dem Reifezeugnis verließ. Er entschied sich vor dem Studium zunächst für eine dreijährige Lehre als Mechaniker in einer Werkstatt der Bergstadt Freiberg in Sachsen.

Interesse und Begabung für die Mathematik führten ihn 1888 in die damalige Hochburg dieses Faches, an die Universität Göttingen, wo er „Mathematik und exacte Naturwissenschaften" studierte. Zu seinen dortigen akademischen Lehrern gehörte auch der Mathematiker Felix Klein.

Unmittelbar nach Abschluss des Studiums 1893 ging er von Göttingen an die Technische Hochschule Darmstadt. Dort wurde gerade auf Initiative von Karl Schering ein großzügig angelegter Neubau für das Physikalische

Institut fertiggestellt. Conrad Zeissig bekam eine Anstellung als Assistent und fand ideale Arbeitsbedingungen, einschließlich des Zuganges zu geophysikalischen, insbesondere geomagnetischen und seismologischen Fragestellungen. In Darmstadt spielte Geophysik damals um 1893 im Vergleich mit Göttingen bereits eine gewichtige Rolle. Emil Wiechert kam erst 1897 in die Stadt seines späteren Wirkens Göttingen und übernahm ein Jahr später den neugeschaffenen Lehrstuhl für Geophysik.

Gleichwohl wurde Göttingen im Jahre 1897 auch für Conrad Zeissig eine wichtige Station auf dem Wege in die berufliche Zukunft. Bereits seit vier Jahren in Darmstadt anstellig, promovierte C. Zeissig an der Universität seines Studiums bei Woldemar Voigt mit einem Thema aus der Theoretischen und Experimentellen Mechanik über transversale Schwingungen in einer rechteckigen elastischen Platte. Obwohl man bei den Begriffen Schwingungen und Platte auf ein seismisches Thema schließen könnte, bleibt der Inhalt der Schrift rein physikalischer Natur.

Die Dissertation von Conrad Zeissig ist gegenwärtig im Buchhandel als unveränderter Nachdruck der Originalausgabe von 1897 durch Hansebooks erhältlich, einem Verlag mit Schwerpunkt der Herausgabe von Reprints historischer Literatur unterschiedlicher Themengebiete.

Den Erdwissenschaften stand Zeissig in Darmstadt sehr aufgeschlossen gegenüber. Bereits 1894 hatte er gemeinsam mit Karl Schering in den Annalen für Physik und Chemie einen Artikel publiziert, der sich mit der fotografischen Registrierung von Magnetogrammen beschäftigte. Dank seiner Fähigkeit bei der Lösung feinmechanischer Probleme gelang Zeissig auch der Schritt zum Bau und zur Arbeit mit feldtauglichen Magnetometern. Später gehörte um 1920 die von ihm mit Karl Schering durchgeführte magnetische Landesvermessung von Hessen zu den Vorbildern bei der Realisierung anderer geomagnetischer Landesaufnahmen.

Conrad Zeissig beteiligte sich mit Tatkraft und Erfolg an den um die Jahrhundertwende einsetzenden Entwicklungen auf dem Gebiet der Seismometrie und Seismologie. Im Sockelgeschoß des Physikalischen Institutes der TH Darmstadt installierte er einen in Eigenbau gefertigten Horizontalseismographen, der seit 1902 als Nr. 3/11 in den von Georg Gerland vorgeschlagenen Hauptstationen des Kaiserlichen Erdbebennetzes des Deutschen Reiches registrierte. Die Station wurde 1907 durch einen käuflich erworbenen 200 kg-Wiechert-Horizontalseismographen mit Rußregistrierung ergänzt.

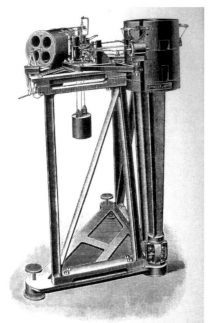

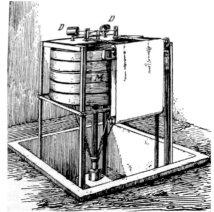

Erste Ausführung des Horizontalseismographen in Zeissigs Wohnhaus zu Jugenheim. Nach einem Modell gezeichnet. M die Masse aus Schwerspatbeton, D die Luftdämpfer (aus Zeissig 1908, S. 152)

Kleiner Horizontalseismograph 200 kg, nach Wiechert. Geliefert von der Firma Spindler & Hoyer, Göttingen, und aufgestellt im Physikalischen Institut der Technischen Hochschule zu Darmstadt (aus Zeissig 1908, S. 160)

Inzwischen war Conrad Zeissig im Jahre 1903 mit seiner Frau nach Jugenheim bei Darmstadt gezogen und hatte im Keller seines Wohnhauses mit finanzieller Unterstützung des Sanitätsrates Fresenius einen 1200 kg-Horizontalseismographen in Betrieb genommen. Die Registrierung gelang Zeissig seit 1908 in Farbschrift auf dünnem, 12 cm breiten Kunstdruckpapier, was zu mehr Übersicht, Sauberkeit und Bedienkomfort gegenüber den herkömmlichen Rußregistrierungen führte.

Conrad Zeissig entwickelte Koordinatentafeln für die Station Jugenheim, Tabellen und graphische Methoden zur Bestimmung von Epizentren. Auch die in Süddeutschland gehäuft auftretenden Erdbeben der Jahre

1911 und 1912 waren Gegenstand seiner Untersuchungen. Er leistete einen wichtigen Beitrag bei der seismologischen Auswertung der Explosionskatastrophe 1921 im BASF-Stickstoffwerk Ludwigshafen-Oppau. In seiner nur 31 km entfernten Station Jugenheim ermittelte Zeissig eine Geschwindigkeit von 5,6 km/s für die direkte Longitudinalwelle in der Erdrinde.

Conrad Zeissig verfolgte mit großer Zielstrebigkeit die Gründung eines eigenen Institutes, in dem er auch seinen geomagnetischen und seismometrischen Forschungen nachgehen konnte. Seine Pläne gingen 1920 mit dem neugeschaffenen Institut für Technische Physik an der TH Darmstadt in Erfüllung.

Conrad Zeissig wurde 1934 an der Hochschule Darmstadt emeritiert und starb 1943 im Alter von 78 Jahren in Seeheim-Jugenheim an der Bergstraße.

Werke (Auswahl)

1908 Die Seismische Station Darmstadt-Jugenheim. Notizblatt des Vereins für Erdkunde der Hessischen Geologischen Landesanstalt zu Darmstadt. VI. Folge, Heft 29, 150-164

1912 Graphische Bestimmung eines Erdbeben-Epizentrums. Physikalische Zeitschrift, 13. Jg., S. 767

1912 Zwei graphische Methoden der Herdbestimmung von Erdbeben. Gerlands Beiträge zur Geophysik. **11**, 520-528

Quellen

Hessische Biografie www.lagis-hessen.de
Danksagung: Jonathan Jacobs, Leipzig; Matthias Kracht, Wiesbaden;
   Doris Lampert, Darmstadt; Fred Rosenberg, Wiesbaden;
   Manuela Roth, Seeheim-Jugenheim; Johannes Schweitzer, Oslo

Bildquellen

BBAW-Archiv: S. 30; Beisert, W.: S. 104; Bormann, P.: S. 31, 32; Börngen, M.: S. 11 u. re.; Borß, F. / Glaßmeier, K.-H.: S. 14; Clauser, C.: S. 81; Deutsches Museum (M. Dierolf) / GDNÄ (K. Diete): S. 10 o., 11 o.; DGG-Archiv: S. 6, 10 u., 11 u. li., 16 u., 24, 41, 50, 51, 52, 54, 58, 59, 61, 67, 74, 76, 82, 84, 94 u., 95, 102, 103, 105; Eßer, K.: S. 78-80; ETH Zürich Bildarchiv: S. 42, 43 o., 44; Gerlands Beitr. Geophys. Bd. 61, S. 211: S. 22; GFZ Potsdam: S. 55; Grebing, H.: S. 18, 19; GZG Museum (F. Lengeling): S. 20; Heisig, F.: S. 57; Inst. f. Geophysik u. Geologie: S. 15; Internet: S. 27, 48, 53, 69, 99 o.; Jacobs, F.: S. 12 o.; Jahr, T.: S. 93; Knoll, A.: S. 98 o.; Kracht, M.: S. 106; Kühn, P.: S. 33; Moitra, S.: S. 66; Müller-Krumbach, R.: S. 62; Neunhöfer, H.: S. 56, 63-65, 90; Schallhorn, E.: S. 100 u.; Schulz, G.: S. 38-40; Soffel, H.: S. 34, 35, 37; Staatl. Archiv Freiburg: S. 26; Thüring. Hauptstaatsarchiv Weimar: S. 12 u., 13; Uni Hamburg/Geophysik: S. 83; Univ.-Archiv Frankfurt a. M.: S. 98 u.; Voigt, H.: S. 110, U1, U4; Wielandt, E.: S. 70-72; Wikipedia: S. 11 u. Mitte, 43 u., 45-48; Wilkens, K.: S. 21; Z. Geophys., Bd. 30, S. 49: S. 94 o.; ZIPE Potsdam (L. Hannemann): S. 86; die anderen Bilder entstammen der jeweils angegebenen Literatur

Einweihung des Gedenksteins zur Gründung der Deutschen Geophysikalischen Gesellschaft e. V. in Leipzig (Talstraße / Ecke Liebigstraße) am 4. März 2013 durch den damaligen DGG-Präsidenten Eiko Räkers

Index

Leipzig 2018. 1. Aufl. **EAGLE 101.**
ISBN 978-3-95922-101-6

Leipzig 2018. 1. Aufl. **EAGLE 102.**
ISBN 978-3-95922-102-3

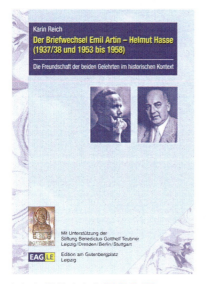

Leipzig 2018. 1. Aufl. **EAGLE 103.**
ISBN 978-3-95922-103-0

Leipzig 2018. 2. Aufl. **EAGLE 047.**
ISBN 978-3-95922-047-7

Leipzig 2013. 1. Aufl. **EAGLE 062.**
ISBN 978-3-937219-62-2

Leipzig 2012. 1. Aufl. **EAGLE 061.**
ISBN 978-3-937219-61-5

Leipzig 2019. 1. Aufl. **EAGLE 106.**
ISBN 978-3-95922-106-1

Leipzig 2014. 2. Aufl. **EAGLE 053.**
ISBN 978-3-937219-94-3

Leipzig 2015. 1. Aufl. **EAGLE 083.**
ISBN 978-3-95922-083-5

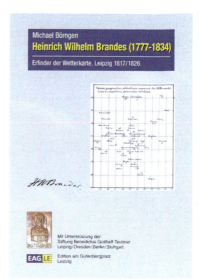

Leipzig 2017. 1. Aufl. **EAGLE 085.**
ISBN 978-3-95922-085-9

Leipzig 2014. 1. Aufl. **EAGLE 079.**
ISBN 978-3-937219-79-0

Leipzig 2016. 1. Aufl. **EAGLE 089.**
ISBN 978-3-95922-089-7